Volume 2

Conexão DESTINO

A protagonista

EDITORA
CHAVE MESTRA®

EDITORA
CHAVE MESTRA®

Av. Marcos Penteado de Ulhoa Rodrigues,
1119 – Tamboré, Alphaville – SP,
Ed. Office Shopping Tamboré –
Andar 21 – Sala Chave Mestra
CEP: 06460-040
@editorachavemestra
editora@editorachavemestra.com.br
www.editorachavemestra.com.br

DIREÇÃO EDITORIAL
Raquel Medeiros
COORDENAÇÃO EDITORIAL
Bartira Costa Neves
EDITORIA JR.
Larissa Robbi Ribeiro
ASSISTÊNCIA EDITORIAL
Eloiza Andrade
Flávio Alfonso Jr.
REVISÃO
Luiza Tenuta
DIAGRAMAÇÃO E PROJETO GRÁFICO
Daniel Marchesani
***BRANDING* DE CAPA**
Izzo Medeiros

Título original em português:

Conexão destino:

a protagonista

Dados Internacionais de Catalogação na Publicação (CIP)

Vale, Rogério (Organizador)

V149 Conexão destino: a protagonista / Rogério Vale (org.) – Barueri, SP: Chave Mestra Editora, 2025. 208 p.: 16 x 23 cm

ISBN 978-65-5496-094-6

1. Vida cristã. 2. Mulher cristã. 3. Espiritualidade. 4. Desenvolvimento pessoal. 5. Desenvolvimento espiritual.

CDD 158.1

Volume 2

Conexão DESTINO

A protagonista

EDITORA
CHAVE MESTRA®

APRESE

No coração de Deus, uma *conexão destino* se desdobrou, tecendo laços entre mulheres de diferentes lugares do mundo.

A chave para desvendar esses destinos estava nas mãos de Debora Almeida, cujo coração abrigava a inspiração do Eterno para revelar histórias de cura e transformação.

Assim nasceu a *Conexão Destino*, atravessando fronteiras e testemunhando a força das mulheres que, impulsionadas por suas experiências, se tornaram faróis de esperança.

Neste mês de abril, celebramos cinco anos deste projeto transformador, que tem impactado histórias e inspirado nações. Para marcar essa

TAÇÃO

ocasião, apresentamos o livro *A protagonista*, uma edição comemorativa que celebra esse legado.

O verdadeiro destino não está em lugares, mas em pessoas. São as conexões que fazemos, as vidas que tocamos e os corações que transformamos que, de fato, moldam o nosso destino. A Conexão Destino reflete essa realidade, reunindo mulheres que, movidas pela fé e coragem, abriram caminhos para outras. Mulheres que estavam escondidas em Deus, sendo moldadas e preparadas para cumprir Seus planos.

Com o livro *Conexão destino*: *uma mulher-chave destrava destinos*, e agora com *Conexão destino*: *a protagonista*, celebramos mulheres que, além das barreiras culturais e geográficas, foram chamadas por Deus para cumprir o Seu propósito.

Este livro é uma celebração do propósito celestial, convidando mulheres ao redor do mundo a se unirem em fé, superarem desafios e edificarem um futuro que honra e glorifica o Aba. Cada página é um testemunho do poder de Deus operando em mulheres improváveis, transformando-as em protagonistas de suas histórias e inspirando outras.

Prepare-se para decolar nessa jornada extraordinária. Vamos juntas avançar, ultrapassar limites e conquistar novos horizontes, firmadas nas coordenadas do Eterno. As melhores escalas e destinos ainda estão por vir. Apertem os cintos, a jornada só está começando!

Se você deseja conhecer mais sobre essa conexão ou, quem sabe, embarcar no próximo voo, o portão de embarque é: @debora.almeidaoficial.

PREFÁCIO

O livro que ora se apresenta é uma reflexão substancial sobre o protagonismo feminino, um conceito profundamente enraizado na história, na teologia e na vivência cristã. Com a contribuição de diversas autoras, esta obra busca iluminar o papel da mulher na fé, na sociedade e na história, oferecendo uma análise crítica e teológica de sua ação ao longo dos tempos. A diversidade de vozes que compõem este volume propõe um olhar reflexivo sobre o protagonismo feminino, instigando uma reavaliação dos conceitos tradicionais e promovendo um debate mais amplo sobre o papel da mulher na Igreja e no mundo contemporâneo.

O conceito de protagonismo, etimologicamente derivado do grego *prōtagōnistēs* ("aquele que desempenha o papel principal"), tem implicações teológicas profundas. Em seu sentido mais amplo, o protagonismo não se refere a uma busca pelo centro das atenções ou a um desejo de ação isolada, mas sim à conscientização do papel fundamental que cada indivíduo desempenha dentro de um contexto maior. No âmbito da fé cristã, o protagonismo é visto como o cumprimento do chamado divino, não de forma solitária, mas em comunhão com a obra de Deus e os outros membros do Corpo de Cristo. Protagonismo, portanto, envolve a compreensão de uma posição de destaque, onde as ações individuais se integram a decisões que têm implicações coletivas e espirituais. O protagonismo feminino, nesse sentido, não deve ser visto como uma reivindicação moderna, mas como uma realidade presente desde as Escrituras Sagradas e reafirmada ao longo da história.

Na Bíblia, diversas mulheres se destacam por sua atuação decisiva no cumprimento dos propósitos do Divino. São mulheres que foram exemplo de força, coragem, fé e de perseverança, demonstrando que o protagonismo, muitas vezes, acontece de maneira inesperada.

Na história, temos mulheres que, com ousadia e coragem, assumiram um papel decisivo para mudar o curso do mundo.

Na história da Igreja Primitiva, mulheres que, por meio de sua fé e compromissos com os valores cristãos, desafiaram convenções de seus tempos, tornando-se um símbolo de resistência e devoção.

Este livro oferece uma análise profunda sobre o protagonismo feminino e propõe uma reflexão crítica sobre os desafios contemporâneos enfrentados pelas mulheres de fé, bem como sobre as oportunidades que elas têm de exercer um protagonismo relevante no contexto atual. Ao reconhecer o papel das mulheres na história cristã, este volume convida cada leitora a refletir sobre sua vocação, compreensão e ação dentro do plano divino, percebendo que seu protagonismo não está apenas nas ações isoladas, mas na totalidade de sua participação na obra de Deus no mundo.

Que esta obra inspire não apenas uma compreensão mais profunda do protagonismo feminino, como também um compromisso renovado com a missão divina, com a coragem de viver de acordo com a vocação que Deus confia a cada mulher e com a certeza de que, em Cristo, todas têm a oportunidade de fazer a diferença.

Pra. Maristela Araujo
Casada com o pr. Ramalho Neto, pastor presidente ADPM Portugal
Bacharel em Teologia Fatai - DF.
Doutorada em Hebraico Bíblico e Cultura Judaica, pela CIL Portugal
Mentora e professora Ensino Judaico, método Pardes
Palestrante internacional
Instagram: @pramaristelaaraujo

SUMÁRIO

Ana Paula Carvalho

Sou Ana Paula Carvalho. Tenho 48 anos e sou casada com o pastor Fabiano Carvalho. Mãe de Hugo, Higor, Ester e Alice, atuo como terapeuta de mulheres, mentora e pastora na Igreja Casa de Paz em Vargem Grande Paulista/SP. Depois de servir a Deus e à minha família, minha vocação é cuidar especialmente de mulheres. Após vencer desafios emocionais, atualmente busco ajudar mulheres a vencer as barreiras emocionais e espirituais.

Meu trabalho como terapeuta especialista em mulheres funciona por meio de mentorias para esse público e tem um único objetivo: conectar mulheres a Deus e ao seu propósito de vida. Hoje compreendo que tudo o que passei tinha apenas uma finalidade: tornar-me uma agente de cura.

Por fim, dedico este capítulo à minha mãezinha Maria do Carmo, falecida em outubro de 2024.

anapaulacarvalho_terapeuta

+55 (15) 99621-7648

SEJA PROTAGONISTA DA SUA HISTÓRIA 1

Ana Paula Carvalho

Todos os dias somos desafiadas a sermos protagonistas de nossa história. Não é fácil escrever uma história quando o que se tem são desafios pela frente. Mas quem escreveu meus dias, garante o sucesso deles. Como está escrito no livro de Salmos: "Os teus olhos me viram a substância ainda informe, e no teu livro foram escritos todos os meus dias, cada um deles escrito e determinado, quando nem um deles havia ainda" (Sl 139:16).

Diante dos desafios propostos pela vida, temos duas opções: prosseguir ou desistir; mas desistir nunca esteve em meus planos, por mais difíceis que as coisas parecessem. Para mim, nunca foi muito fácil. Os desafios pareciam muito grandiosos e intransponíveis, mas eu nunca desisti porque sempre acreditei nos planos e nos propósitos de Deus para minha vida.

Uma mulher firmada em Deus verá os desafios como propósitos. Essa é a visão que você precisa ter se quer escrever uma história de sucesso. As dores fazem parte do propósito. Como eu sempre falo: "A dor é inevitável. O sofrimento é opcional" (MURAKAMI, 2007). Portanto, encorajo você, mulher, a colocar-se à disposição de Deus; a amá-Lo com todo o seu coração e submeter-se a Ele com toda a sua alma. Existe um futuro preparado para você, e cada linha que você escreve da sua vida vai levá-la a viver esse futuro tão desejado.

Em Jeremias 29:11 está escrito: "Eu é que sei os pensamentos que tenho a vosso respeito, diz o Senhor, pensamentos de paz e não de mal, para vos dar o fim que desejais". Eu compreendo que esse é um chamado também a todas as mulheres que gostariam de romper em sua vida espiritual, buscando relacionar-se com Deus como pai e amigo. Mas isso só será possível a mulheres que de fato estão dispostas a fazer renúncias e escolhas para alcançar um nível de intimidade.

E como conseguir esse posicionamento nos dias atuais? Essa é a pergunta que muitas mulheres fazem diante da vontade e da dificuldade de se relacionar com Deus. O Senhor está à procura de mulheres que não apenas querem, mas que estão disponíveis a viver essa experiência. Portanto, eu a convido a trilhar esse caminho de descobertas, no qual você será a protagonista da sua vida e terá Deus como seu alicerce e direção em cada passo da sua jornada.

Neste capítulo, eu compartilho chaves que me fizeram superar os processos que passei e me tornar protagonista da minha história. Cada área da minha vida foi restaurada quando eu entendi quatro coisas:

- eu tenho uma identidade em Cristo;
- eu tenho um lugar em Deus;
- preciso abraçar minha identidade, meu lugar e meu propósito;
- sou a protagonista da minha própria história.

1ª chave: eu tenho uma identidade em Cristo

O primeiro passo é saber que você tem uma identidade. Sim, saber quem você é vai direcionar toda a sua vida. Quando descobri minha identidade, encontrei meu propósito. Conhecer a sua identidade definirá toda a sua trajetória. A sua identidade não é estabelecida por sua profissão, por suas realizações, ou até mesmo por suas perdas. Sua identidade é a construção dos seus valores e do que você carrega dentro de si.

Quais têm sido os seus valores? O que você tem carregado dentro de si? Eu carregava muitas dores e marcas do passado. Seus valores e o que você carrega precisam estar alinhados ao propósito de Deus para a sua vida. Existem mulheres frustradas porque não descobriram sua identidade e não conhecem seu propósito. Quando não sabemos quem somos, ficamos vulneráveis, fragilizadas; desconhecemos quem somos; perdemos nosso valor e a oportunidade de sermos a protagonista de nossa história por vivermos na dependência da aprovação dos outros.

É por meio da palavra dAquele que nos criou que podemos saber quem somos. E a Bíblia tem uma definição para isso: somos imagem e semelhança de Deus; criados para cumprir um propósito e chamados para governar. A sua identidade foi gerada na eternidade. Ela não é definida por padrões culturais, por sua beleza, por conquistas ou perdas. Ela não depende do lugar, do ambiente ou do momento que você vive.

Ao nascer, recebemos uma identidade, um nome e uma filiação. Mas a nossa identidade eterna está em Deus, Ele a determinou desde antes da fundação do mundo.

Jeremias 1:5 afirma: "Antes de formá-lo no ventre, eu o escolhi; antes de você nascer, eu o separei e o designei profeta às nações". Essa é a sua identidade!

Se você entender o que Deus diz que você é e abraçar a identidade de filha, você viverá tudo o que Ele tem para você. Ele a chama de filha, escolhida, sem culpa diante dEle. Você é amada por Deus. Quando você enxergar quem é em Deus, poderá viver sua identidade de forma plena.

2ª chave: eu tenho um lugar em Deus

O segundo passo é ocupar o seu lugar, pois existe um espaço que é seu e que já foi conquistado para você. Esse lugar ninguém pode tirar de você porque foi conquistado por Jesus.

João 1:12 diz: "Mas a todos quantos o receberam, deu-lhes o poder de serem feitos filhos de Deus, a saber, aos que creem no seu nome". Portanto, esse lugar de filha é seu; foi conquistado para você. Não permita que as mentiras do diabo e suas acusações a roubem desse lugar. Jesus venceu a morte para que você tenha vida e assuma de verdade seu papel. Ocupe seu lugar em Deus, se posicione neste lugar de filha e desfrute do lugar que foi conquistado para você reinar. Quando você recebeu Jesus, você recebeu o direito de ser filha e de ter um lugar na mesa.

Quando temos a consciência do propósito de Deus para nossa vida, assumimos nosso lugar e vivemos aquilo que Ele nos reservou. Você não precisa saber tudo; você só precisa saber quem a chamou e Ele mesmo se revelará a você. Você não precisa estar pronta, apenas disponível. Quando recebemos essa revelação de Deus, deixamos de ser mulheres comuns e passamos a ser instrumentos para cumprir um propósito.

3ª chave: preciso abraçar minha identidade, meu lugar e meu propósito

O terceiro passo é estar disposta a assumir sua identidade, seu lugar e seu propósito. Muitas vezes, questionamos por não entender que todas as coisas cooperam para o nosso bem — mesmo que sejam ruins e dolorosas. Todas nós somos desafiadas a cumprir a vontade de Deus; não devemos fugir do nosso propósito.

Você precisa assumir sua identidade e seu lugar de filha para ser protagonista da sua história. Você não precisa estar 100% apta, mas disponível. Há mulheres que Deus não pode contar porque estão sempre se sentindo incapazes. Entenda: você não precisa estar dotada de conhecimento; você precisa estar cheia do Espírito Santo. À medida que você se relaciona com Deus, Ele lhe revela o propósito.

4ª chave: sou a protagonista da minha própria história

O quarto passo é começar a escrever a sua nova história. Você precisa "tomar as rédeas" da sua vida, tirar o controle da mão das pessoas erradas e trilhar o seu caminho, pois ela é sua e cabe a você definir como vai vivê-la. Permanecer na vontade de Deus não é fácil, mas é possível. Porém, você precisará ter convicção da sua chamada e do que Deus já preparou para você.

Construir uma identidade alicerçada em Deus vai fazê-la vivenciar seu papel de protagonista e a capacitará para reinar.

Agora que você já sabe quem é e que existe um lugar para você, chegou a hora de protagonizar o seu futuro.

Muitas mulheres estão estagnadas no seu passado de dor e estão sempre na dependência dos outros. Por isso não conseguem alcançar seus objetivos, vivendo da aprovação dos outros e permitindo ser conduzidas e definidas pelo que as pessoas pensam delas. Saiba que não é o seu passado que a define, mas como você reage a ele.

Já se encontrou em algum momento de sua vida perdida, sem saber o que fazer? Com sua vida toda fora do lugar, parecendo que você perdeu totalmente o controle dela? Dependendo de pessoas para decidir por você e para sua vida ser melhor? Esperando alguém fazer, alguém mudar; apenas esperando, esperando e esperando? Se sim, pense: você tem assumido de fato a responsabilidade de sua vida ou ela está distribuída a pessoas, dependendo do outro para gerar alguma transformação? Chegou o momento de você assumir a responsabilidade da sua jornada. Trata-se dos seus sonhos e do seu propósito.

Ao comparar sua vida a uma história, quais as páginas que você quer rasgar por causa das rasuras, dos rabiscos e dos erros que existem nos capítulos? Comece honrando sua trajetória e cuidando do livro da sua vida. Assuma o controle, preservando cada página e começando a escrever uma nova história. Afinal, você é a protagonista.

Quem você quer se tornar a partir de agora? Uma mulher protagonista, que sabe quem é, conhece seu próprio valor e que conduz sua vida em a direção de Deus? Que não tem medo do futuro e que venceu as dores do passado? Que está vivendo um presente de recomeço?

Filipenses 3:1-14 afirma: "Esquecendo-me das coisas que para trás ficam e avançando para as que estão diante de mim, prossigo para o alvo, para o prêmio da soberana vocação de Deus em Cristo Jesus". Portanto, existe uma recompensa preparada para todas aquelas que não desistem.

Por fim, quero apresentar algumas lições para uma mulher protagonista:

- você precisa saber quem você é;
- você precisa saber quem a chamou;
- você precisa acreditar no seu propósito, mesmo não o conhecendo ainda;
- você é a única pessoa que precisa acreditar no seu propósito;
- você precisará se dedicar ao seu propósito e estar totalmente dependente de Deus.

Haverá dias em que você vai querer desistir, então vai precisar se lembrar quem a chamou. Você vai se sentir incapaz, pensando que sempre terá alguém melhor que você. E há pessoas que não acreditarão no seu propósito — e não perca tempo fazendo que acreditem. Esteja preparada para ouvir daqueles que nunca a apoiaram: "Como você conseguiu?".

Quando Deus a esconder, não tente aparecer. Quando Deus a revelar, não tente se esconder. Quando Deus a aprovar, não faz diferença quem a desaprova.

Entenda uma coisa: quando Deus a chama, Ele cuida; quando o Senhor aprova, Ele promove; quando Ele levanta alguém, Ele mesmo capacita.

BIBLIOGRAFIA

BÍBLIA SAGRADA. Almeida Revista e Atualizada (ARA). Barueri: Sociedade Bíblica do Brasil, 2021.

MURAKAMI, H. *Do que eu falo quando falo de corrida*. São Paulo: Alfaguara, 2010.

"Quando descobri minha identidade, encontrei meu propósito."

Ana Paula Carvalho

Pra. Antônia Ferreira

Sou natural de Tabocas/MA e atualmente moro em Fortaleza/CE. Casada há 39 anos com Marcos Robério, temos quatro filhos: Marcos Filho, Max Reyveer, Mirella Renayra e Mirilania Renayne. Além disso, temos quatro netos: Marcos Neto, Israel, Levi e Davi.

Sou pastora, escritora e terapeuta de casais. Há mais de dez anos cuido de casais e atuo na área de restauração de famílias.

antoniaferreirapinheiro

+55 (85) 98431-1550

O PROPÓSITO DO SENHOR PARA SALVAR UMA FAMÍLIA

2

Pra. Antônia Ferreira

Minha história se resume a um propósito do Senhor para salvar uma família. Nasci em um povoado no interior do Maranhão chamado Tabocas. Cresci em uma família pobre e humilde, mas trabalhadora e, acima de tudo, honesta. Minha mãe, dona Maria, se casou com meu pai, Francisco. Quando eu tinha dois anos de idade, ele foi embora com outra mulher, deixando nosso lar. Foi um momento muito doloroso para nós. Após algum tempo, meu avô faleceu, minha mãe resolveu vender a casa, e fomos todos para Dom Pedro — cidade do Maranhão. Ao chegar lá que a batalha intensa da minha vida começou. Foi naquele local que fui crescendo e acompanhando a trajetória da vida da minha família; todo sofrimento da minha mãe; tantas lutas e dificuldades para ela e para todos nós.

Ao chegarmos lá, minha mãe começou a trabalhar no mercado vendendo verduras durante o dia e lanches à noite. Eu sempre estava com ela, sempre a ajudando. Foi um tempo razoável, apesar de tantas responsabilidades que ela tinha, como o aluguel. Em tudo o que ela fazia eu estava junto. Mesmo tão pequena, já me preocupava muito com a situação em que estávamos.

Mesmo com tão pouca idade, já percebia a preocupação ao meu redor. Com o passar do tempo, as vendas das verduras começaram a cair. Então, ela começou a vender bolinhos de cuscuz. Todos os dias, eu me levantava às 4 horas da manhã para sair às 5 horas e vender os bolinhos de porta em porta. Eu só voltava quando não sobrava mais nada na bandeja que eu levava na cabeça. Naquela época, eu já tinha uns doze anos e não tinha vergonha por estar trabalhando, apesar da pouca idade. Meu foco era ajudar minha mãe, afinal, aquele trabalho servia para me sustentar também. Após algum tempo, ela começou a lavar e passar roupas por encomenda, mas, mesmo assim, a vida continuava difícil. Foi um tempo de muita fome.

Trago na memória o dia em que a minha vó pediu comida e, como não havia nenhum alimento, ela pediu para acender o cachimbo, porque disse que a fome passava ao fumar. No dia que tínhamos o café, não havia almoço, nem janta. Quando tínhamos alguma refeição, era apenas uma por dia — e, mesmo assim, era difícil ter.

Minha mãe lavava roupas para um doutor e, nos bolsos das calças e blusas, às vezes tinha algum dinheiro ou cheques assinados. E sabe o que ela fazia? Guardava e, ao deixar as roupas, ela entregava tudo. Isso se chama honestidade — e é tudo na vida de uma pessoa. Nós íamos deixar aquelas roupas tontas de fome, mas ela não tinha coragem de mexer naquilo que não lhe pertencia. O doutor, até hoje, tem muita consideração com a nossa família.

Ele gostava muito da minha mãe. Aliás, todos os que a conheciam gostavam dela por ser humilde, respeitadora, trabalhadora, guerreira e positiva em tudo que fazia. Ela não esperava por ninguém; ela mesma resolvia as questões dela.

E assim a vida continuava. Mesmo na escola, na maioria das vezes, eu ficava sem comer nada, pois não tinha alimento para levar de lanche. Então, fui crescendo com muitas dificuldades. Sofri muito com minha mãe e meus irmãos. Na rua em que morávamos havia chegado uma família, e a senhora da casa foi falar com minha mãe para lavar suas roupas. Hoje, essa senhora, dona Mirian, é minha sogra. Ela veio morar naquele local com toda a sua família: meu sogro, Luiz Luzeci; meu esposo, Marcos Robério; e seus seis irmãos mais novos — todos pequenos. Eles são todos de Fortaleza/CE, mas, por questão de trabalho, foram morar em Dom Pedro.

Marcos foi estudar na mesma escola que eu. Nós nos conhecemos e começamos a namorar, e eu logo engravidei. Ele tinha 17 anos e eu, 14; os dois sem estudos, sem profissão e muito jovens. Foi um período muito difícil e complicado. Após a descoberta da gravidez, fiquei com muito medo. Marcos ficou preocupado e eu, por outro lado, em uma situação muito pior, pois minha família continuava com dificuldades.

Quando chegou ao conhecimento do meu sogro, ele perguntou ao Marcos se era verdade, e este confirmou. Imediatamente, ele mandou chamar minha mãe e pediu que eu fosse também. Aquele momento foi devastador. Talvez nem tanto pelo acontecido, mas por ter visto no olhar da minha mãe que o que ela estava sentindo naquele instante era uma grande tristeza e decepção. Ela chorou muito, pois não acreditava no que estava acontecendo.

Em seguida, meu sogro pediu que eu fosse buscar minhas roupas, e eu fui morar na casa deles. Eu e Marcos nos casamos em 24 de junho de 1986. Marcos Paulo era o nome do meu primeiro filho. Ele nasceu dia 5 de outubro do mesmo ano que nos casamos, mas faleceu dia 25 de dezembro; tinha dois meses e vinte cinco dias de nascido. Aquele foi um dia terrível.

Logo depois, meu sogro ficou desempregado e seu irmão, que morava em Parnaíba/PI, o convidou para ir morar lá com toda a família. Marcos e eu tínhamos que ir junto, pois dependíamos do meu sogro. Naquele dia, meu coração estava partido, pois nunca tinha saído de perto da minha mãe.

Ao chegar em Parnaíba, a tristeza continuava dentro de mim. Muitas saudades da minha família e a falta do meu filho. Marcos logo começou a trabalhar, porém bebia demais junto ao meu sogro. O trabalho deles era na Ilha do Igoronhon; então, eu só via o Marcos de quinze em quinze dias. Entretanto, foi um tempo de prosperidade financeira para meu sogro e toda família. Ele comprou caminhão, carro, caminhonete, motos, e ainda nos presenteou com uma casa. Porém, meus sogros colocaram na frente da casa um bar chamado Carnaúba — que não deu certo, pois bebiam demais.

Meu marido e meu sogro saíam muito. E, um dia, em uma dessas saídas, amanheceram em um bar. Ali chegaram dois irmãos cristãos da Igreja Batista Boa Esperança, rapazes estes muito usados por Deus — chamados Toinho e Ivo. Esses irmãos entraram naquele bar em 1989 e foram falar com meu sogro sobre Jesus — ou seja, foram evangelizar dentro daquele bar. Todas as vezes que me recordo daquele dia, lembro da passagem de Salmos 1:1, que diz "Bem-aventurado o homem que não anda no conselho dos ímpios, não se detém no caminho dos pecadores, nem se assenta na roda dos escarnecedores". O salmista inicia declarando que bem-aventurado é o homem que, primeiro, não anda no conselho dos ímpios. Ou seja, não anda nas ideias dos ímpios; suas ações não são inspiradas em princípios mundanos, maldosos e astutos. Segundo, que não se detém no caminho dos pecadores. Ou seja, não participa dos seus projetos. E o que é um escarnecedor? É um zombador; uma pessoa sem respeito; que fala coisas maliciosas. E esses escarnecedores falam mal de outras pessoas sem se preocupar com o mal que podem estar causando.

Aqueles rapazes não se enquadram nesse comentário, mas estavam enquadrados no versículo dois, que diz: "Antes, o seu prazer está na lei do Senhor, e na sua lei medita de dia e de noite". Tenho certeza de que eles estavam cheios de Deus, pois, a partir daquele momento, a vida do meu esposo e do meu sogro foram alcançadas. Aqueles rapazes entraram em um bar onde havia várias pessoas bebendo e, mesmo assim, não se assentaram para praticar o mesmo.

Naquele dia, o Espírito Santo os impulsionou a fazer isto, e foi por meio dessa atitude que Deus, com Seu propósito, salvou uma família completa. Hoje, estão todos adultos, na igreja, formados, pastores, cantores, pregadores e missionários. E, naquele momento, meu sogro ainda disse a eles que fossem em sua residência um outro dia, pois ele não estava legal para falar de Jesus. Passou o endereço e horário — que seria às 9 horas da manhã do dia seguinte. E às 9 horas em ponto eles estavam lá. Naquela manhã houve salvação. Meu sogro e meu esposo aceitaram a Jesus e, depois, todos foram à igreja e permanecem até hoje.

Agora entendo o grande propósito de Deus na minha família. Aprendi muito na caminhada e, em tudo o que passamos, o Senhor sempre cuidou de cada um de nós, em cada detalhe. Hoje compreendo de onde o Senhor me tirou e o porquê de tantas aflições. Mas, em todas as dificuldades, o meu Deus sempre esteve comigo. Ele nos auxilia em todas as nossas aflições para podermos ajudar os que estão na mesma situação que nós (2 Co 1:4).

Os tempos difíceis não duram para sempre. Aqueles que semeiam com lágrimas, com cânticos de alegria colherão; aquele que sai chorando enquanto lança a semente voltará com cântico de alegria trazendo os seus feixes (Sl 126:5-6). Os tempos difíceis passam, mas o propósito dEle é grande.

Precisamos manter o foco, não permitir que os dias difíceis apaguem o brilho da nossa fé e continuar acreditando no que o poder do Espírito Santo vai realizar. O Senhor sabe a hora certa de mudar a nossa história. Quando nos sentimos perdidos, Ele nos conduz de volta ao propósito. O segredo é confiar e ter certeza de que tudo o que Ele faz é melhor. E quando você achar que suas forças estão se esgotando, lembre-se: Deus é sua força, e o que Ele tem lá na frente é muito maior do que aquilo que você perdeu.

Sofri muito na minha vida, tanto emocionalmente quanto psicologicamente. Mas, em meio a tanto caos, sobrevivi, pois descobri que Deus colocou em mim uma força que não imaginava.

Na busca ao Senhor, a cada dia em oração e leitura da palavra Deus, vamos obtendo sabedoria para diversas situações. Deus tem me dado letras de canções lindas e entendimento para aconselhar casais e famílias. O Espírito Santo tem agido poderosamente em minha vida.

Quando descobri o meu chamado, resolvi me aprofundar mais no assunto e, hoje, sou terapeuta de casais para a glória de Deus. Eu amo vidas. É tão bom ajudar pessoas, olhar e vê-las bem, sabendo que você fez parte da restauração daquela família. A alegria de ver pessoas felizes e em paz não tem preço (Mt 20:28).

E a vida cristã se resume em fazer o bem. É isso o que agrada o coração de Deus, até porque, quando a gente cuida da dor de alguém, Deus cuida da nossa. O Senhor não quer que vivamos no individualismo, mas deseja que sejamos unidos em uma só fé.

Hoje tenho motivos para celebrar.

BIBLIOGRAFIA

BÍBLIA SAGRADA. Almeida Revista e Atualizada (ARA). Barueri: Sociedade Bíblica do Brasil, 2021.

"Deus tem o propósito de salvar uma família, torná--la alinhada com os princípios divinos e fazê-la ser um instrumento para a transformação de vidas."

Pra. Antônia Ferreira

Bárbara Mandotti

Eu me chamo Bárbara, tenho 42 anos e nasci em Guarulhos/SP. Sou esposa do Alexandre, mãe do Samuel e da Alice, e serva de Deus.

Sou formada em Gestão Ambiental, com MBA em Marketing e Vendas. Há 21 anos atuo na área comercial de reciclagem e sou empreendedora da loja IDE. São 19 anos que eu conheço Jesus. Tenho uma conta no Instagram com meus momentos devocionais e reflexões, que contribuem para o Reino do Senhor por meio das palavras que amo compartilhar. Sou grata a Deus, à minha amiga Eliana — que foi um instrumento de Deus que me presenteou com o livro *Conexão destino* — e à Missionária Débora Almeida pela oportunidade na coautoria do livro *Conexão destino Vol. 2 — A protagonista*.

Neste capítulo, vou compartilhar a dor de uma perda, que nem sempre é sobre luto, mas sobre despedir-se de uma fase.

barbaramandotti

ide_lojaonline

+55 (11) 96082-8859

babimandotti@gmail.com

Conexão DESTINO

VOCÊ VAI CANTAR UM CÂNTICO NOVO

3

Bárbara Mandotti

A vida é feita de ciclos. Em alguns momentos, vivemos na calmaria; em outros, vivemos as nuances, nas quais aprendi que tudo pode mudar repentinamente. Passei por esse período de turbulência e quase me perdi no medo da incerteza. Mas foi assim que eu aprendi a confiar em Deus e na minha capacidade de superação em meio à dor.

O pai dos meus filhos decidiu romper o nosso casamento em 2013. Naquela época, nosso filho mais velho tinha 3 anos e nossa caçula, apenas seis meses. Eu me senti abandonada, no pior momento. Tive uma gravidez conturbada, pois eu estava sem trabalhar. E, enquanto eu estava grávida, ele dormia fora e não voltava para casa. Fui traída, fiquei desamparada emocionalmente, endividada, com condomínio atrasado e pagando financiamento do imóvel, que quase perdi para leilão, por falta de pagamento. Fiquei cinco anos sem receber pensão alimentícia e com cobranças diárias sobre quando eu venderia o imóvel para dividir a quantia com ele.

Ele recorreu à justiça e, mesmo a decisão de sair de casa sendo dele, ele conseguiu levar a metade do que era dos nossos filhos. No dia da audiência, eu me lembro que a advogada dele queria formalizar uma data para eu sair do apartamento onde eu morava com as crianças. Eu chorei muito, estava vulnerável, não conseguia acreditar que tudo aquilo estava acontecendo comigo. A juíza, nesse mesmo dia, interveio enfatizando que não haveria data, que eu iria ficar o tempo necessário — eu me lembro dela como se fosse hoje. Então ela disse: "O senhor tem dois filhos que moram lá!". Como Deus cuida da gente, não é? Ele manda pessoas ou usa circunstâncias para demonstrar o Seu cuidado conosco.

Eu não tinha cabeça para tudo aquilo; quando se trata dos nossos filhos — como diz a expressão popular —, "o caldo engrossa". Lutei, chorei, pensei em desistir. A situação quase me esmagou, a ponto da minha fé vacilar. E, nessa batalha, tive algumas escoriações, mas elas me colocaram de joelhos, pois a dor nos empurra para a oração.

Cheguei até a implorar para ele ficar comigo; aliás, formamos uma família para ser indissolúvel, até que a morte nos separe. Eu insisti nesse casamento; lutei, clamei, orei, colei bilhetinhos com versículos pela casa, falei que perdoava tudo o que ele tinha feito, chamei a pastora, a diaconisa etc. Ele foi o homem que me apresentou Jesus, e juntos fazíamos parte de um ministério. Doeu demais porque me casei enganada.

Muitas vezes, por sermos cristãs, nos apegamos ao padrão: o que Deus uniu, o homem não separa. E este, de fato, tem que ser o nosso padrão. O casamento é uma instituição divina, o divórcio, não. Mas não havia mais o que eu pudesse fazer, só Deus! Eu me dispus a perdoar, porque o perdão era muito melhor do que o divórcio.

Em uma tarde de domingo, fui visitar e conhecer uma pastora em sua casa. Deus usou a vida dela para me revelar que, no lugar de toda a minha vergonha, Ele me daria dupla honra e estenderia um tapete vermelho para eu passar. Ah, caro leitor, como eu chorei! O mesmo Deus que abriu o mar vermelho para que o povo hebreu pudesse atravessar e fugir do exército egípcio (Êx 14:21-22) iria estender um tapete vermelho para eu passar de cabeça erguida e iria transbordar e restituir em uma medida ainda maior, além daquilo que eu havia perdido na minha vida. Os gigantes nunca foram o problema, mas, sim, o degrau para um nível mais alto e mais profundo com o Senhor. Porém, só quando somos prensados e espremidos que vemos que Deus nos concede estrutura.

Eu nunca imaginei enfrentar tudo isso. Fiquei sem condições de pagar até mesmo o meu gás, e duas pessoas pagaram a mesma conta para mim, que ficou de crédito para o mês seguinte. Eu vivi momentos de escassez. A pensão, que estava em atraso há cinco anos, foi negociada na justiça para ser paga em trinta parcelas. Sabemos que, no divórcio, quem sofre muito mais é a mãe. No meu caso, o pai sempre pegou as crianças de quinze em quinze dias — nunca saiu desse *script* —, enquanto eu tinha que colocá-los em uma escola das 7 às 19 horas para eu conseguir trabalhar, chegar em casa, jantar, preparar lancheira e acordá-los para o banho — muitas vezes, chorando. Estava 100% disponível para os filhos e dormindo mal; cuidava do trabalho de casa, ajudava com a lição e fazia milagre com a pensão.

Meu filho, que tinha 3 anos, sofreu muito quando o pai dele saiu de casa. Ele dormia com a foto dele; na verdade, com um caderno no qual a capa era a foto do pai. Eu tentei minimizar tanto essa ausência. E, durante anos, ele teve apoio psicológico. Já com minha filha foi diferente, por ainda ser um bebê. Por isso, foi mais fácil. Inclusive, foi a dependência dela que me fez levantar e reagir.

Questionei a Deus muitas vezes sobre o porquê permitir essa gravidez. Quando ela nasceu, ela quase morreu em meus braços, mas deu tempo de chegar ao hospital. Até pensei que o pai dela mudaria e que não faria mais o que estava fazendo – dormindo noites fora –, mas, não, nada mudou. No dia que apresentei minha filha na igreja, o pai dela estava lá, juntamente com a nossa família. E foi exatamente nesse dia que ele desceu do púlpito e disse que estava com as malas no carro, que tinha aproveitado que eu não estava em casa para arrumar as coisas dele. Ah, meu Deus, as minhas pernas tremeram; fiquei sem chão; chorei, ah, como eu chorei! Mas, por mais doloroso que seja, lembre-se: tudo passa. E deixe passar cada instante, seja bom ou ruim. Isso faz parte de um fluxo maior que nos leva ao crescimento, trazendo um vislumbre do que Deus tem para nós.

Nessa fase da minha vida, tive uma amiga mais chegada que um irmão, que me estendeu as mãos. Ela chegou um dia em casa — era a minha vizinha — e disse: "Levanta e vamos trabalhar comigo". Eu não queria, mas eu tive que ir. Fui com minha bebê e meu filho ficou na creche. Minha amiga foi, e continua sendo, uma amiga querida e uma grande mulher de Deus. Foram muitas e muitas noites de vigília e de orações com ela, minha amada amiga Telma.

Deus conhece o mais profundo do nosso ser e os nossos pensamentos. Eu fui aprendendo a discernir o que valia a pena carregar e o que eu deveria soltar. Eu escolhi carregar Jesus e soltar quem não me queria; escolhi acreditar de novo, escolhi me levantar, reagir, amamentar minha filha que me esperava — e, nesses momentos, eu ainda me perguntava o porquê. Hoje eu entendo muito claramente que Deus permitiu a vinda da Alice, mesmo sabendo tudo o que eu estava passando, para me levantar; ela era um serzinho tão dependente. Ela era um grãozinho que me fez prosseguir, mesmo com poucas forças, desestabilizada emocionalmente, sem querer mais viver e sem saber por onde começar. Eu tive que "sacudir a poeira", como o dito popular.

O processo de crescimento já estava em andamento. Eu tive que cultivar e nutrir a semente para brotar — e, acredite, não foi nada fácil. A minha esperança havia definhado, o medo tentou me aterrorizar, como Pedro quando andou por sobre as águas, em Mateus 14:29: "'Venha!', respondeu Jesus. Então Pedro desceu do barco e caminhou sobre as águas em direção a Jesus". Para o milagre acontecer, não depende só de Deus. Pedro andou sobre a fúria da tempestade; ele decidiu tirar o pé do barco. E essas tempestades surgem repentinamente: uma perda, traição, decepção, doença, tragédia, um adeus... Mas mesmo com tudo isso, ainda temos Jesus. Não existe nada mais forte do que uma mulher reconstruída e liberta.

Eu vi que o divórcio não foi o fim, e sim o recomeço. Algumas perdas são necessárias para florescermos. Deus estava me ensinando e me preparando para coisas maiores. Eu pensei que não seria capaz de ficar com os meus dois filhos sozinha, mas foi nessa condição que confiei na dependência do Pai. Ele era tudo o que eu tinha, e é tudo o que eu ainda tenho de melhor. Eu fui escolhida pelo Rei para carregar uma coroa.

A estação havia mudado. Comecei a orar para que Deus fizesse a vontade dEle, e não a minha. Então, eu recomecei com o que eu tinha em mãos, ampliei a minha visão e alarguei as estacas do meu coração. Trabalhei tanto; me dediquei, orei, perseverei com ânimo e vigor. Em Josué 14:11 diz: "Continuo forte como no dia em que Moisés me enviou, e ainda posso viajar e lutar tão bem quanto naquela época". Calebe esperou 45 anos pela terra prometida.

Queridos, não permitam que nenhuma dificuldade os impeça de ir avante. Corra para vencer com foco; nós não podemos nos cansar. Deixe para trás o que for necessário; o nosso prêmio não é perecível, é eterno. Continue, não pare. Deus abre a porta na hora certa. Ele tudo vê e tudo sabe. Portanto, se organize, confie e persevere, pois quem persevera, alcança.

A demanda de trabalho que Deus tinha para mim era grande. Perseverei prospectando uma empresa durante três anos, e, então, pude ver que a glória da segunda casa era maior do que a da primeira. Eu fui o destaque da empresa na qual trabalhava, mas eu sabia que o destaque era Jesus, sempre foi Jesus. Participei de importantes reuniões; tive que reorganizar minha mente e minha vida para viver o novo. E o resultado do meu sucesso hoje é aquilo que foquei. Não acontece da noite para o dia; é gradual. A vida vai oscilar, pois não é linear. Mas, em todas as circunstâncias, devemos andar por essa certeza de fé e fundamento na palavra de Deus, que é a rocha que nos estabiliza, o nosso alicerce eterno.

O gigante me intimidou, mas não me parou. Portanto, não importa o tamanho da sua luta ou o tamanho do gigante, o que está em nós é maior do que o que está no mundo (1 Jo 4:4-6) — e é Cristo. Ele nos chama de "filhinhos", pois é assim que Deus nos vê: como seus filhinhos amados. Nenhuma arma forjada contra nós prosperará, pois, se Deus é por nós, quem será contra nós? Quem se atreverá a entrar no caminho do Senhor? Quem poderá enfrentá-lo?

BIBLIOGRAFIA

BÍBLIA SAGRADA. Bíblia de estudo Nova Versão Transformadora (NVT). São Paulo: Mundo Cristão, 2018.

"Deus me tirou
da sequidão.
Ele é a voz que
soprou e me fez
viver de novo;
que produziu
vida em mim.
Hoje sou livre e
protagonista da
minha história!"

Bárbara Mandotti

Miss.
Carla Cristina

Eu sou a Missionária Carla. Nascida na cidade do Rio de Janeiro, atualmente moro em Rio das Ostras/RJ com a minha família: meu marido Alessandro Feitosa, com quem estou casada há trinta anos; e nossos três filhos: Mateus, casado com Jéssica e pai de minhas netas, Alice e Hadassa; e minhas filhas, Keren e Ketlin.

Sou pregadora, palestrante e pastoreio, junto ao meu esposo, a Igreja Assembleia de Deus do Ministério Kayrós. Já tive o privilégio de pregar e palestrar em diversos estados do Brasil e em quatro outros países: Paraguai, Bolívia, Portugal e Inglaterra.

Também sou corretora de imóveis, juíza de paz e atualmente estou cursando Psicanálise.

Sou alguém que enfrentou muitas batalhas, mas nunca desistiu, porque o Senhor é bom.

carla.alessandro9

Alessandro Carla Medeiros

carla.adk@gmail.com

Conexão DESTINO

ENTRE LUTAS E PROMESSAS UMA VIDA DE MILAGRES

4

Miss. Carla Cristina

Minha infância foi marcada por desafios. Vim de uma família desestruturada, na qual as dificuldades começaram muito antes de eu nascer. Meu pai teve uma infância difícil e minha mãe foi criada em um colégio interno. Muito novos, enfrentaram desafios que deixaram marcas profundas. Sou a filha mais velha de cinco irmãos e, entre tantas provações, a dor da perda se tornou uma parte da minha história muito cedo. Uma de minhas irmãs faleceu aos 6 anos, vítima de meningite. Mas essa ferida ficou ainda mais profunda porque seis meses antes minha mãe havia partido.

Após duas perdas irreparáveis, minha vida se tornou um turbilhão. Com apenas 12 anos, cheguei a dormir na rua, sem ter onde ficar, até que encontrei abrigo com meus avós. A situação era difícil, mas foi nesse período que conheci meus pastores — pastor Paulo Alves e pastora Rosita Alves —, que me concederam moradia e me auxiliaram em meu casamento e na construção de minha família.

Conversão e chamado

Antes de viver meu chamado, me afastei dos caminhos do Senhor por dois anos. Nesse período, conheci meu esposo dentro de um ambiente inesperado: uma escola de samba. Ele era intérprete de samba-enredo e eu estava longe da missão que Deus havia planejado para mim. Mas os planos do Senhor nunca falham. Ele me trouxe de volta à Sua casa e, de maneira surpreendente, alcancei meu esposo para Cristo. Costumo dizer que ganhei a alma dele para Jesus e ao mesmo tempo o coração para mim.

Nossa família começou a crescer. Logo depois, meu esposo foi chamado para o ministério pastoral, e foi aí que minha verdadeira trajetória começou.

Um dia, Deus falou comigo de maneira clara: "Você atravessará o oceano no pássaro de ferro". Naquele momento, eu não sabia como ou quando isso aconteceria, mas o chamado missionário já estava em meu coração.

Milagres e provações

Minha primeira gestação foi marcada por complicações graves, incluindo infecção no sangue e eclampsia. Deus me revelou que eu teria um menino, que nasceu prematuro. Apesar das dificuldades e dos prognósticos negativos, Deus foi fiel e ele sobreviveu.

Bolívia e Paraguai

Anos depois, engravidei novamente. Dessa vez, sem saber da gravidez, me desfiz de tudo o que tinha para seguir em missão na Bolívia. Estava disposta a largar tudo por esse chamado, mas, com dois meses de gestação, minha pressão subiu novamente e precisei ser internada. A viagem foi cancelada. Fiquei sem casa, sem móveis e sem emprego. Foi um período de tempestades, no qual, literalmente, não tínhamos para onde ir.

Porém, Deus havia me prometido que me daria duas rosas. Cinco anos depois eu tive a Keren. E onze meses depois do nascimento de Keren, descobri que estava grávida da minha caçula, Ketlin. Confesso que foi um susto. Meu esposo estava desempregado, as dificuldades eram muitas. Mas Deus já havia me prometido elas, e eu sabia que no tempo certo Ele traria refrigério para nossas vidas.

Por fim, dez anos depois, Deus nos levou à Bolívia, onde realizamos uma obra missionária transformadora junto à minha família. Foi um tempo de crescimento, de aprendizado e de experiências que marcaram minha vida para sempre.

O limite da sobrevivência

Passei por várias cirurgias de urgência. Tive complicações no útero e precisei fazer uma histerectomia. Também enfrentei uma infecção nos seios que exigiu uma cirurgia às pressas. Além disso, desenvolvi uma hérnia enorme e precisei operar. Minha saúde ficou cada vez mais debilitada. Tive uma crise muito forte de ansiedade, sofri um edema agudo hipertensivo (por causa de muito estresse), que me fez perder 25% da capacidade pulmonar, e tive infecção generalizada. Enquanto estava internada, preguei a palavra. E, como se não bastasse, a enfermeira falou comigo na sala amarela que no leito que eu estava morria gente todo dia. Mas não aceitei essa palavra. Com muita dificuldade, expulsei o demônio da morte e preguei a palavra. Ali havia todo tipo de enfermidades e ganhei para Jesus uma moça que estava com HIV. De repente, o médico me deu alta e meu esposo achou um absurdo, pois eu estava muito mal — mas foi a mão de Deus. Nesse tempo, Deus me livrou da morte inúmeras vezes; eu só não sabia que o pior ainda estava por vir. Em muitos momentos, Deus lhe coloca no vale para provar a sua fé. Porém, eu tinha uma promessa.

Pandemia

Durante a pandemia, tive que me mudar. Como a casa onde eu morava já era mobiliada, precisei deixar tudo para trás.

Uma pessoa iluminada, cheia de Deus, corretora, achou uma casa. Porém, essa casa estava em péssimo estado de conservação. Eu não queria ir para lá, mas ela insistiu muito e Deus usou três pessoas para dizer que me viam em uma casa antiga e amarela.

Enfim, entrei nessa casa somente com um sofá-cama, um tapete e um fogão. Minha igreja, com muita boa vontade, me ajudou. Deus nunca se esquece dos seus. Ele usa os improváveis.

O Deus de detalhes

Durante a pandemia, uma irmã, que só vi uma vez, soube da minha situação e me fez uma ligação inesperada. Falou que ia me dar uma geladeira — mas Deus faz além daquilo que pedimos ou pensamos. Ela, muito generosa, mobiliou toda a minha casa com eletrodomésticos, louças, panelas, jogos de cama, toalhas, mesas, cortinas, ventilador, jogos de porcelana, quadros, tapete persa e peças decorativas. Eu nunca tive nada disso, morei em casa de estuque e só chorava; mas o Senhor é um Deus de detalhes e, no meio da tempestade, Ele dá o refrigério. Eu a chamo de minha "anja" Edileuza Caetano.

A doença do século

No final de 2021, já quase no encerramento da pandemia de covid-19, pensei que havia passado ilesa. Mas, de repente, fui infectada. Até então, pensei que era apenas uma gripe. Fui usando os meus remédios caseiros, indo e vindo dos hospitais, e os médicos dizendo que eu ia melhorar. Mas minha condição só piorava. Fui internada diretamente no CTI. Algo marcante aconteceu logo no primeiro atendimento. A médica olhou para mim e disse: "Seu caso é muito grave". E então perguntou: "Você crê em Deus?". E eu respondi, sem hesitar: "Eu creio".

Ela segurou minha mão e orou comigo, depois falou para eu orar. Naquele momento, entendi que Deus estava no controle de tudo. Apesar de estar entre a vida e a morte, senti paz.

Fiquei sem conseguir comer, sem ar, e fui colocada no oxigênio de alto fluxo. Todos os dias, eu me posicionava diante de Deus e dizia que eu não seria entubada. Fizeram de tudo para me levar para a entubação, mas, no exato momento em que estavam prestes a fazer o procedimento, a médica desmaiou do meu lado. Mesmo sem forças e sem ar, Deus me usou para falar com ela. Ele mudou a vida dela e eu não fui entubada.

Após vinte dias isolada no CTI, recebi alta — ainda com muitas sequelas. Quando retornei para a consulta, os médicos me disseram: "Você deu uma volta na morte". Sim! Deus cancelou o funeral! Mesmo em meio às turbulências, o Senhor ainda nos surpreenderia.

O Deus das surpresas

Depois de tudo o que passei, meu corpo ainda carregava sequelas: cirrose medicamentosa, diabetes tipo 2 (com uso de insulina), asma e só 25% do pulmão saudável. Um dos médicos me deu uma notícia devastadora: "Você está com cirrose e um nódulo no fígado. Precisamos iniciar a quimioterapia com urgência". Respirei fundo. Ele pediu que eu fosse para casa e realizasse novos exames. Naquele momento, pensei: "Agora acabou. Deus já me livrou tantas vezes, mas e agora?".

Era 15 de dezembro. Pensei: "Se for meu último Natal, vou vivê-lo intensamente". Esqueci da doença e foquei no propósito de realizar o Natal da igreja. Então chegou a primeira semana de janeiro e fui refazer os exames. O médico olhou os resultados e ficou perplexo: "Cadê o nódulo enorme que estava aqui?". Eu respondi: "Não sei, doutor. Se o senhor não encontrou, imagine eu". Ele chamou outros médicos. Eles se entreolharam sem entender. O nódulo havia sumido. Glória a Deus! Deus me castigou severamente, mas não me entregou à morte. Eu não morrerei enquanto o Senhor não cumprir em mim todos os sonhos que Ele mesmo sonhou para mim (Sl 118:17-18).

Portugal e Inglaterra: o cumprimento da promessa

Saí dali radiante. No caminho de volta para casa, recebi uma ligação inesperada. Uma missionária chamada Geania Cabral estava me procurando: "Quero trazer você para pregar aqui em Portugal", ela disse. Confesso que não acreditei. Pensei: "Eu? Quem sou eu? Não sou pregadora de multidões; não tenho mídia, nem seguidores". Estava como o profeta Amós, mas Deus me viu. Ele se lembrou de mim, assim como se lembrou de Ana (1 Sm 1:19).

Uma promessa de 26 anos se cumpria. Eu atravessaria o oceano no pássaro de ferro. Fiquei impressionada com tudo isso que estava acontecendo comigo. Esse é o Deus que tira do monturo para se assentar entre os príncipes. E Ele foi além. Minha amiga, Luciana Miele, soube que eu estaria em Portugal e me fez o convite para pregar na Inglaterra. Esse é o Deus que opera milagres; e, quando menos esperamos, o céu ainda tem mais. Fui convidada para palestrar na Inglaterra e participar de um *podcast*, o que era um sonho meu. Eu era um projeto falido, mas, hoje, sou um milagre vivo. Não tenha medo do processo; ele a fará viver o sobrenatural do propósito.

Escolha confiar e seguir em frente

Mediante a tudo isso, quero dizer que quando as circunstâncias dizem que não, a Palavra de Deus nos encoraja a prosseguir. Esperei 26 anos para ver uma promessa se cumprir, porém toda promessa tem um preço. Não pense que Deus se esqueceu de você.

Por meio deste capítulo, venho lhe dizer que a sua luta terá uma virada. Entre tantas idas e vindas, você pode perceber que Deus esteve ao meu lado me guiando, guardando, consolando e provendo em todas as áreas da minha vida. Quando Deus faz, Ele abre os caminhos e fecha a cova. Ele usa os improváveis e prepara o pássaro de ferro. Eu que morria de medo de avião, vi até isso ser arrancado de mim.

Por isso, venho encorajá-la a ser feliz em meio às adversidades; porque, diante de tudo, eu decidi ser feliz. Hoje, consigo rir de todas essas histórias que conto. Mas como, missionária? Decidindo! Essa escolha só você pode fazer. Ou você se lamenta pelas circunstâncias da vida ou se reinventa dando a volta por cima. Lembre-se: Deus é especialista em reviravoltas!

"A vida pode
alterar o roteiro
sem aviso, mas
você é quem
escolhe: ser vítima
da sua história ou
confiar no Autor
que escreve o
seu destino?"

Miss. Carla Cristina

Débora Almeida

Sou Débora Almeida, missionária, escritora, mentora e palestrante. Formada em liderança feminina, psicanalista em formação e conferencista internacional, já estive em quatro países semeando a Santa Palavra de Deus.

Mãe de Thayná Almeida e esposa de Severino Lima, sou líder da comunidade Evangélica Betel, juntamente com meu esposo que é pastor presidente no Rio de Janeiro/RJ.

Fundadora do Projeto Conexão Destino e da Escola de Destino Mentoria para Mulheres Cristãs, conectando vidas ao propósito de Deus, mulheres sendo conectadas mundo afora, auxiliando e cuidando de mulheres há onze anos, além de organizar encontros.

debora.almeidaoficial
comunidade_betel2007
conexaodestino
escoladedestino

+55 (21) 96431-5970
deboraalmeida435@gmail.com
conexaodestino7@gmail.com

A PROTAGONISTA

Débora Almeida

5

Até que eu Débora me levantei. (Jz 5:7)

Por muitas vezes em minha caminhada precisei me levantar dos escombros e me recompor, e, assim, continuar a jornada estabelecida pelos céus sobre minha vida. "A protagonista" é mais do que um capítulo, é um tributo à coragem, à resiliência e ao chamado de mulheres que estavam escondidas em Deus — sendo preparadas, lapidadas, apresentadas e enviadas às nações. Mulheres cuja força e fé as transformaram em faróis de esperança, atravessando fronteiras culturais e geográficas.

Você conhece o tamanho do seu general? Quando Deus entrega a profecia para Débora dizendo que Ele entregaria Sísera nas mãos de uma mulher, Deus não se referia à Débora, mas a uma anônima, Jael. Ao lermos o que está registrado no livro de Juízes, descobrimos que a juíza Débora, em seu cântico, exaltou a Jael sobre todas as mulheres, e esse episódio a colocou nas páginas da Bíblia Sagrada. Quantas vezes deixamos de viver o extraordinário por medo de nos posicionarmos. Não se permita viver às margens da sombra de ninguém. Não permita que as questões à sua volta a impeçam de recalcular a sua rota. Que se levante um exército de Déboras que reconhece o comando do seu general e que, apesar de estar em uma posição de destaque, entende que Jael é necessária em cenários desfavoráveis e que a posição de uma não anula o chamado da outra.

Ela entende o porquê de ser convocada debaixo de uma palmeira. No meu caso, fui convocada em um cenário improvável: de dor, luto, rejeição, superação e perda de projetos anteriores. E como eu que perdi um projeto já consolidado, isso me gerou uma profunda tristeza; a sensação era que alguém tinha tirado dos meus braços um filho, algo que dediquei tempo, energia emoções, sentimentos e vida com Deus.

Você, leitor, deve, em algum momento, estar se identificando com meu relato, pois quem nunca pisou no terreno da traição, ingratidão, frustração ou do abandono? Mesmo desacreditada, devido ao mau-caratismo alheio, eu não parei de fazer o que precisava ser feito: voltar ao plano original e cuidar de vidas. E, após cinco anos do ocorrido, Deus "bradou" em uma consagração na qual estive pregando. Nesse dia, o culto estava vazio. Mas quando eu terminei e entreguei a oportunidade, uma irmã veio lá do fundo da igreja e colocou as mãos sobre o meu ombro, dizendo: "Estarei colocando algo novo e único nas suas mãos. Vou colocar porque conheço o seu coração na minha obra e será algo que não vai se comparar ao que você perdeu". Escrevo este capítulo em lágrimas, pois só eu sei os processos que tive que enfrentar para permanecer inabalável na fé.

Realmente, hoje, o que estou vivendo por meio desse projeto não se compara ao que ficou para trás. Tivemos encontros de mulheres todos os anos e, em 2024, demos o *start* na conferência profética. A primeira aconteceu em julho e a segunda aconteceu em novembro — toda honra e glória ao Senhor Jesus. Eu perdi coisas, mas não me perdi dAquele que restaura todas as coisas. Ele faz tudo novo. Até porque não se coloca vinho novo em odres velhos (Lc 5:37).

Embora meu testemunho esteja registrado na primeira edição do livro, vou resumi-lo aqui para facilitar a compreensão. Aceitei a Jesus aos 23 anos dentro de um cemitério quando perdi meu pai. Em abril de 2019, passei por uma enchente e perdi tudo. Em fevereiro de 2020, enquanto estávamos em pandemia, passei por um problema de saúde e, para completar, perdi meu cabelo. Então, entrei em uma profunda depressão. Mas foi nessa mesma época de pandemia que nasceu o projeto. Ali, Deus começou a cumprir tudo aquilo que havia palestrado comigo enquanto eu estava naquele cenário desfavorável.

Eu me lembro de um sonho profético que tive há exatamente dez anos. Eu estava em um determinado local e olhava para os altos céus, avistando um globo terrestre. Era como se ele estivesse nas minhas mãos. Eu olhava para um lado e via uma feira: pessoas vendendo peixes grandes e bonitos em um saco com a água totalmente cristalina. Eu olhava para o outro lado e havia pessoas aproveitando a vida. Quando eu acordei daquele sonho, eu entendi. O peixe simbolizava almas e aquela água cristalina simbolizava o Espírito Santo de Deus, que é a água viva que jorra do trono da Graça para nos limpar de nossas mazelas. Então, entendi que Ele tinha uma missão para cumprir por meio da minha vida.

No mesmo sonho, eu via um tanque, daqueles antigos, de pedra. Ali havia muitos peixes e estava muito calor. Aqueles peixes pulavam daquele tanque e caíam no chão quente. Alguns morriam e outros olhavam como se fosse um olhar de uma pessoa humana pedindo socorro. As águas desses que estavam no tanque já não eram mais cristalinas; eram muito escuras e sujas. Naquele chão quente e naquela água suja e barrenta os peixes agonizavam até morrer.

"Ide por todo o mundo e pregai o evangelho a toda criatura" (Mc 16:15).

Eu tinha sido avisada que passaria por um vendaval para que as minhas estruturas fossem firmadas, pois o nível a qual Deus iria me levar exigiria resistência, flexibilidade e experiência para testemunhar. Então, Ele me usaria para destravar destinos alheios e, no futuro, eu entenderia. Hoje, estou aqui deixando registrado esse relato para a encorajar. Assim como Jael, você não é uma coadjuvante. Tome as rédeas da sua história e não dê legalidade a ninguém sobre essa caneta que escreve sua vida. Coloque tudo nas mãos de Deus e deixe Ele escrever cada capítulo da sua trajetória.

Falando em caneta, tudo relacionado ao chamado de Deus em minha vida tem uma história. Há seis anos, fui pregar em um determinado ministério e, no final, ganhei uma caixa com uma linda caneta. Na hora, fiquei encantada com aquela caneta com uma pedra em destaque que parecia um cristal. Logo, pensei: "Vou guardá-la para um momento especial. Assim que eu escrever um livro, será com ela que assinarei. Enquanto isso, ela vai ficar escondida para ser preservada". O tempo passou, e no dia 31 de março de 2023 — que, por sinal, foi um dia profético — Deus me fez lembrar da caneta. Então, imediatamente a peguei, olhei para ela e pensei: "Chegou a hora. Milhares de mulheres precisam ler os meus recomeços, processos, as reconstruções de Deus em minha trajetória". E assim aconteceu.

Em 20 de janeiro de 2024, nasceu o primeiro volume do livro *Conexão destino: uma mulher-chave destrava destinos*, nosso bebê poliglota. E lá estava eu, com aquela caneta profética, assinando as primeiras páginas de uma linda história na qual eu iria caminhar com o Autor e Consumador da minha fé — e junto a milhares de mulheres de diferentes lugares do mundo.

Portanto, creia que Deus vai conectar a sua história, fazendo com que você destrave destinos alheios por meio da sua superação.

Você nasceu para cumprir uma missão. E a minha sempre esteve atrelada e conectada a vidas. Lembro-me de que, em uma ocasião, viajei em missões a Tocantins com uma amiga. O propósito era ministrar palestras nas igrejas em troca de Bíblias para enviar para a África. Foram quinze dias subindo ao monte, fazendo a obra, ministrando palestras, realizando cultos nos lares etc. E, ao fim do período dessa missão, chegou a hora de voltar para casa, só que com apenas doze Bíblias – e algumas nem estavam em bom estado. Isso me trouxe uma angústia muito grande. Enquanto estávamos sentadas naquele aeroporto, em frente a uma loja, conversando, eu me lamentava profundamente porque o desejo da minha alma era voltar para o meu destino — Rio de Janeiro — com uma quantidade bem vasta de Bíblias. E, enquanto conversávamos, passou uma pessoa evangélica — na verdade, um homem. Ele ouviu a nossa conversa e perguntou de quantas Bíblias eu precisava. Então, ele me abençoou com 1022 Bíblias para mandar para a África — e, detalhe, ainda mandou entregar no meu endereço. Portanto, creia: Deus não falha; o que Ele promete, Ele cumpre.

O que você pede ao Senhor precisa estar atrelado ao propósito dEle sobre a sua vida, para que jorre em outras vidas. Nunca será sobre nós; é tudo sobre Ele. Os céus respondem com movimento, e não com atrofiamento. Deus não trabalha com mulheres robóticas, Ele trabalha com pessoas disponíveis, independentemente dos recursos que estão sobre as suas mãos. Entenda, estou escrevendo para protagonistas que não se intimidam independentemente do anonimato, independentemente do cenário, independentemente da ordem geográfica. Portanto, o que você tem em suas mãos? É com essa ferramenta que Deus quer trabalhar. Apenas esteja disponível e sensível à voz de comando do todo poderoso. Ele não falha, não mente, não muda; Ele é imutável.

"Ainda antes que houvesse dia, eu sou; e ninguém há que possa fazer escapar das minhas mãos; operando eu, quem impedirá?" (Is 43:13).

Quem diria que aquela mulher improvável se tornaria escritora.

"Antes que eu te formasse no ventre te conheci, e antes que saísse da madre te santifiquei; às nações te dei por profeta" (Jr 1:5).

Quando Deus a escolhe para uma missão, é porque Ele sabe o tamanho do seu potencial. Então, avance! Não dê desculpas ao Deus que já lhe deu um destino. Uma protagonista entende que seu chamado está atrelado aos desígnios e propósitos de Deus. Seja uma ponte, uma conexão. Dê destino a outras vidas. O seu chamado é resposta para as nações. Saia da posição de vitimismo e assuma o lugar de protagonismo da sua vida. Pois que mulher você será depois de um ano da jornada: aquela que se levantou e fez história ou aquela que está até agora sentada no banco do vitimismo? Eu resolvi me levantar e cuidar de vidas. Tanto Débora quanto Jael tem seu lugar de destino no propósito de Deus.

Nesta oportunidade, eu não poderia deixar de apresentar as protagonistas da minha vida; mulheres anônimas, que não aparecem, que estão nos bastidores exercendo os seus ofícios: minha mãe, Waldenice, uma mulher que inspira; minha estrela Thayná — assim é o significado do seu nome —, uma filha que me enche de orgulho; minha irmã, Deise, que acreditou neste projeto desde o início; e, não poderia faltar, minha avó, Eliete, que escolheu o meu nome de batismo — uma guerreira valente de 89 anos. Essas mulheres representam a família Almeida.

BIBLIOGRAFIA

BÍBLIA SAGRADA. Almeida Revista e Atualizada (ARA). Barueri: Sociedade Bíblica do Brasil, 2018.

"O poder de mudança está em suas mãos. Ser protagonista da sua história ou plateia da vida alheia só depende de você."

Débora Almeida

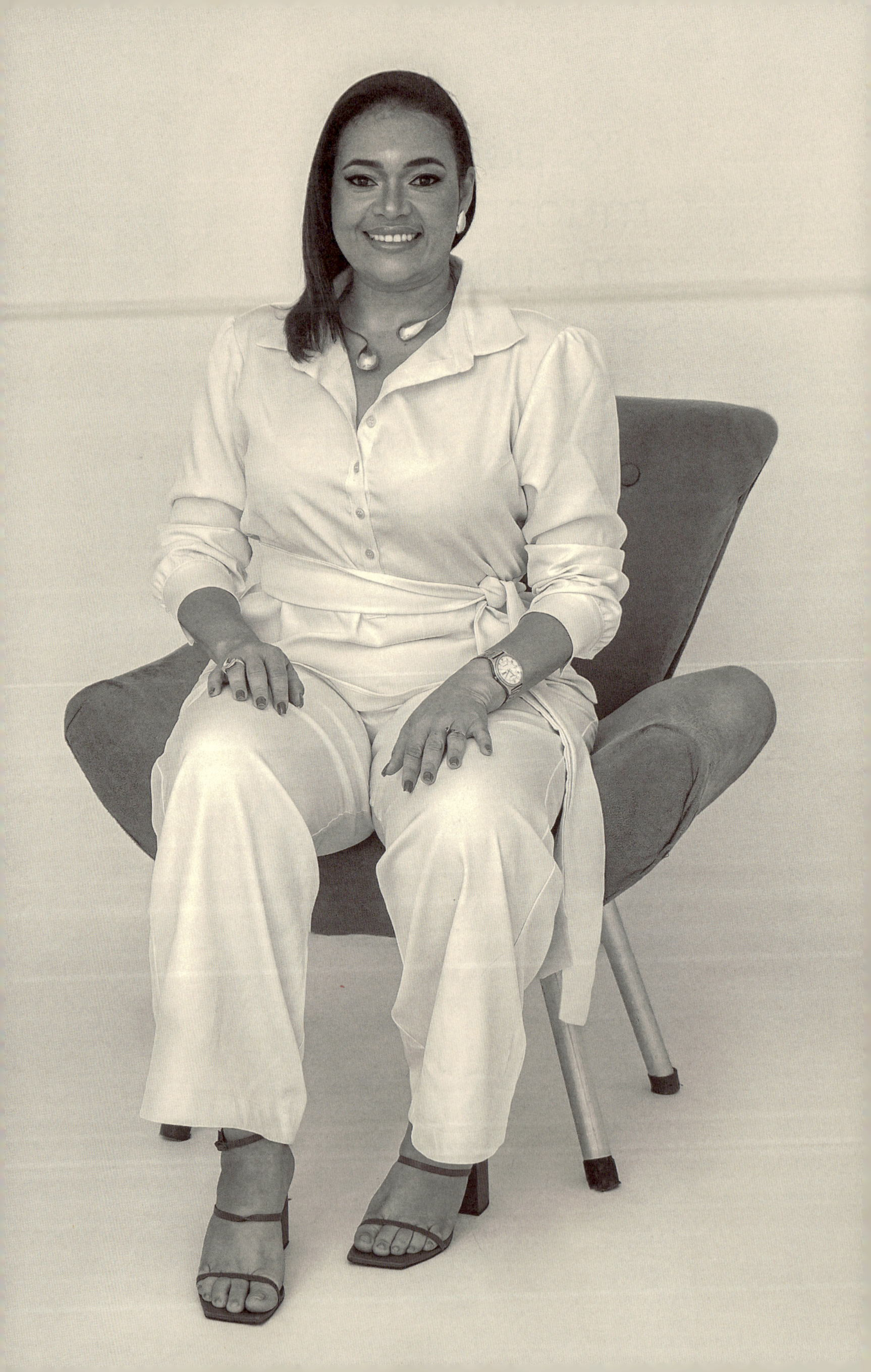

Eliz França

Sou Eliz França, nascida e residente no Recife/PE, e tenho 35 anos. Das coisas que amo, destacam-se: Deus, minha família, escrita, histórias, café e viagens. Sou filha do Deus vivo, fisioterapeuta, psicanalista, pós-graduada em Gerontologia, especialista em Psicologia Social e Comunitária e idealizadora do projeto social Espaço Casule-se — uma rede de apoio emocional e de orientação à saúde para mulheres.

Chegar até aqui foi inimaginável. Não fui a melhor aluna da sala de aula; fui uma criança com crises frequentes de asma, distimia e compulsões. Mas foram essas cicatrizes que me impulsionaram a mudar realidades. Hoje, uso minhas experiências para acolher e transformar vidas.

eliz.fpf

espaco_casulese

+55 (81) 98500-8557

elizfisio27@gmail.com

Conexão DESTINO

PÉROLA: UMA CICATRIZ VALIOSA

6

Eliz França

É interessante como todos nós somos surpreendidos pelo sofrimento em algum momento da vida. Dores, lágrimas e desconforto fazem parte do nosso caminhar. E, como tudo que se atenua com o passar do tempo, as dores também viram cicatrizes. Mas a escolha de torná-las valiosas é totalmente nossa.

A pérola é uma pedra preciosa que se forma a partir de um "corpo estranho" que invade a ostra. Quando a ostra sente o desconforto, ela "cobre" esse corpo com uma substância chamada nácar ou madrepérola. A cada incômodo, uma nova camada se forma e, assim, surge uma cicatriz valiosa — a pérola. Aproveito para lhe fazer uma pergunta: o que você tem feito com suas cicatrizes?

Fui uma criança, de certa forma, "problemática". Tinha crises frequentes de asma e alergias. Na escola, era uma aluna mediana, falante demais, com boletins bem coloridos, pois não tinha apenas notas azuis. Não gostava de estudar. Na adolescência, sentia-me preterida e desenvolvi distimia e compulsões alimentares, que foram se agravando ao longo do tempo e me levaram a um aumento significativo de peso. Assim, me fechei em minha concha, com minhas dores, meus traumas e minhas frustrações. Nessa época, estavam sendo formadas as primeiras camadas de nácar das pérolas da minha vida.

Após alguns anos nessa mesma situação, vivi algo diferente em 2017. Com certeza esse ano foi um divisor de águas para mim. Era 1º de janeiro, o primeiro dia do ano. Quando acordei, percebi uma flor laranja desabrochando no quintal de minha casa. Fiquei surpresa, pois não sabia que aquela plantinha podia produzir flores. Quando vi a flor, brotou também no meu coração a certeza de que aquele ano seria diferente — e foi. Fiquei tão surpresa que fui atrás do nome daquela planta: Ora-pro-nóbis de flor laranja — uma planta com muitos espinhos, mas cheia de benefícios. Impossível não fazer um paralelo com tudo o que estava prestes a viver.

Naquele ano, passei por uma revolução interior e, pela primeira vez, certezas, princípios e valores foram postos à mesa. Passei por momentos de muita dor, pois me expus a uma situação que jamais imaginaria viver, mas que era muito necessária. Assim como aquela flor laranja — que apareceu inesperadamente no primeiro dia do ano, mas trouxe novidades —, essa situação me trouxe muitos espinhos, mas também a beleza de uma nova mulher que estava para nascer. Naquela época, se desenvolveram muitas camadas de nácar em minha concha já machucada pelo tempo.

Em meio aquela situação, vivi um encontro pessoal com o Pai do Céu. Para concluir a boa obra daquele ano, Ele me conduziu a Israel, contrariando até as minhas próprias expectativas. Lá, vivi o sobrenatural e pude ter a certeza de que "melhor é o fim das coisas do que o seu princípio [...]" (Ec 7:8).

Após as mudanças trazidas em 2017, decidi, no ano seguinte, iniciar meus estudos em Psicanálise. Eu estava buscando respostas para mim mesma. Encontrei algumas e, mais do que isso, surgiu em mim um desejo maior: ajudar mulheres a lidarem com suas dores emocionais.

Em 2019, quando cheguei aos 30 anos, vivi mais uma grande revolução interna. Desenvolvi problemas severos de TDPM (Transtorno Disfórico Pré-Menstrual), além de outras questões que precisei enfrentar. Foram muitas mudanças em todas as áreas de minha vida, e uma delas foi na área sentimental. Entreguei os mais nobres sentimentos e recebi um descarte frio e calculado. Quanto sofrimento tive dentro de minha concha. Na época, não imaginava que aquelas camadas de nácar seriam tão necessárias para a preciosa pérola que estava surgindo.

Lembro que foi um grande golpe para mim, que já não estava bem. Essa situação só potencializou as crises interiores que eu vivia naquele momento. Porém, fui auxiliada por algumas pessoas da igreja da qual fazia parte. Como foi importante para mim esse apoio! Os abraços transmitidos pelo próprio Deus por meio daquelas pessoas. Foi nessa fase que fiz o curso EIFOL (Escola Integral para Formação de Libertadores), da JOCUM

(Jovens com uma Missão), ministrado por um casal de pastores, Marcos e Cássia Renoux, e sua equipe. Esse curso foi realizado de forma remota, com aulas ministradas pelo próprio pastor Coty. Foram dias intensos, com aulas teóricas e práticas, além de muitos aconselhamentos. Quão desafiadores e especiais foram aqueles dias.

O objetivo do curso era instrumentalizar conselheiros, psicólogos e líderes no aconselhamento baseado na conscientização e confissão de pecados, proporcionando, assim, libertação. Hoje, tenho certeza de que precisava viver tudo aquilo para que outras mulheres pudessem conhecer o poder transformador do amor de Deus e da paternidade divina.

Minha intenção ao fazer aquele curso era ajudar pessoas, mas a primeira a ser ajudada fui eu. Lembro que fui profundamente ministrada. Dessa experiência, iniciou-se outro grande processo de transformação em minha vida. Senti na pele o que as prisões emocionais fazem e compreendi o caminho necessário para ser livre. O processo continua em mim, pois sou responsável por permanecer comprometida com minha cura. Assim, meu servir será honesto e cada vez mais aperfeiçoado. A cura acontece no gerúndio — a cada passo, a cada dia, em constante movimento.

Foi um tempo de muitas dores e de acesso aos enigmas da minha alma, mas também de momentos preciosos. Acreditar que eu e outras mulheres podemos viver a plenitude do que Deus planejou para nós foi e é libertador. O melhor é que tudo isso pode ocorrer sem que nosso passado nos condene ou nos impeça de avançar.

Em 2022, convidei amigas e profissionais para fazer parte do projeto Espaço Casule-se, doando tempo, dons e talentos. Nosso objetivo era tocar as muitas filhas de Deus que encontraríamos pelo caminho. O Casule-se é um espaço terapêutico, que ainda não é físico. Mas, em nossas ações e nossos encontros, ele se torna um ambiente de acolhimento, aconchego e transformação, onde nos fortalecemos mutuamente para um dia sairmos do casulo como borboletas — lindas e livres.

No início do projeto, pensei muito sobre como eu poderia ajudar outras mulheres se eu mesma não me sentia "pronta". Como alguém em seus processos internos confusos poderia auxiliar outra pessoa? Mas aprendi, por meio da Psicanálise e da minha fé, que a perfeição não é real, nem humana. A evolução acontece no processo, e nunca estaremos totalmente prontas. Mas podemos caminhar juntas.

Eu me questionava diariamente se aquele seria o momento certo para colocar o projeto para funcionar. Surgiram alguns medos, incertezas e receios dos julgamentos, mas meu coração queimava para cumprir essa missão. Deixei todos os aspectos negativos de lado e comecei a convidar minhas amigas e profissionais conhecidas. Foi bem tranquilo, pois elas se apaixonavam pela minha ideia – embora não engajassem nas reuniões. Até que surgiu nossa primeira ação, um divisor de águas.

Lembro bem desse dia. Nossa primeira ação aconteceu em uma comunidade na região mais central de Recife/PE. Uma das mulheres assistidas relatou à nossa massoterapeuta que nunca havia recebido um toque como aquele. Nunca havia feito uma massagem. A nossa colaboradora estava com ouvidos e coração disponíveis para aquela mulher naquele momento e, do outro lado, ela se sentiu em um lugar seguro para falar de suas dores.

Outro momento bem marcante foi quando fomos levar café da manhã para pessoas em situação de rua. Eu encontrei uma mulher idosa, agachei-me bem perto dela, falei meu nome e perguntei o dela. Conversamos brevemente e ela me contou que havia assassinado seu companheiro quando tinha apenas 14 anos de idade. Chegou a ser presa e passou longos anos na cadeia. Naquele momento, eu olhei nos seus olhos e disse: "Talvez eu não tenha matado ninguém fisicamente, mas devo ter matado a alma de alguém. Nada nos faz diferentes uma da outra, pois fomos criadas pelo mesmo Deus. Ele nos escolheu como filhas dEle". Ela se emocionou, me chamou pelo meu nome e agradeceu muito.

A cada ação, percebemos o quanto um simples gesto pode fazer a diferença, como um olhar atencioso para uma mulher assistida, que viveu uma vida inteira sem se sentir vista. Hoje, seguimos cumprindo essa missão. Criamos o evento Manhã Mulher, que financia nossas ações sociais. Também levamos kits de higiene para mulheres em situação de rua e realizamos visitas a diversas instituições. Enquanto houver vida em nós e enquanto o Espaço Casule-se existir, continuaremos impactando mulheres, conduzindo-as a um lugar de acolhimento, transformação e liberdade.

Por isso, minhas dores, que formaram aquelas tantas camadas de nácar, se tornaram cicatrizes preciosas. Por meio delas, não tenho noção de quantas mulheres foram abençoadas. Hoje, olhando para trás, vejo que cada dor enfrentada, cada lágrima derramada e cada desafio superado foram partes de um propósito maior. Eu não sou mais a mesma pessoa que começou esse movimento. Sou alguém que aprendeu que a verdadeira força não está em minhas dores, desilusões ou frustrações, mas está em transformar cada sentimento ruim em preciosas pérolas.

Se há algo que desejo transmitir a cada mulher que passa pelo Casule-se, é que suas cicatrizes não definem quem ela é. Elas não são marcas de derrota, mas de superação. Cada ferida que um dia nos machucou pode se tornar uma pérola preciosa se tivermos coragem para transformar a dor em aprendizado.

E, se hoje estou aqui, compartilhando essa história, é porque escolhi não deixar minhas dores me paralisarem. Escolhi usá-las como combustível para ajudar outras mulheres a encontrarem sua própria força. Acredito muito que podemos ir além de nossas dores e alcançar tudo aquilo que Deus sonhou para nós.

Concluo com um dos textos que mais amo: “Eu é que sei que pensamentos tenho a respeito de vocês, diz o Senhor. São pensamentos de paz e não de mal, para dar-lhes um futuro e uma esperança” (Jr 29:11).

BIBLIOGRAFIA

BÍBLIA SAGRADA. Nova Almeira Atualizada (NAA). Disponível em: https://www.sbb.org.br/biblia/NAA. Acesso em: 12 fev. 2025.

"Pérolas são cicatrizes valiosas, pois transformar dor em algo precioso é escolha nossa."

Eliz França

Pra. Fabiane Alves

Meu nome é Fabiane Alves. Sou pastora da Igreja Cristã Jesus Verdade Viva, que presido com meu esposo, pastor Fabriciano Alves, com quem sou casada há 21 anos. Nasci em Uberlândia/MG, onde resido atualmente. Sou mãe da ministra Fabrine e do profeta Fabriciano Filho, e sogra da Gabriela.

Sou capelã, ministra de louvor e dança, compositora, escritora e teóloga bacharelada. Também sou licenciada em Pedagogia. Atuo como terapeuta, mentora e coordenadora do ministério de ensino. Faço parte do Concílio de Pastoras em Unidade de Uberlândia. Sou idealizadora do ministério Mulheres que Despertam e Oram e, agora, coautora desta linda obra.

Sou filha amada do Pai; livre, escolhida, sal da terra, luz do mundo, forte, corajosa e grata. Enfim, sou tudo o que Ele diz que eu sou. Vivo para Ele, meu Senhor e Salvador Jesus Cristo.

pastorafabianealves

mulheresqdespertameoram

i.c.j.v.v.udia

pastorafabianealves@gmail.com

+55 (34) 98800-7505

CONTEMPLANDO O SENHOR E VIVENDO O CHAMADO

7

Pra. Fabiane Alves

Diante de tantos títulos adquiridos, o que me importa de fato é o de "filha amada do Pai", pois reconheço que, sem Ele nada sou. Eu creio que porque dEle, por Ele e para Ele são todas as coisas (Rm 11:36).

Desde criança, enfrentei grandes desafios físicos e principalmente espirituais. Filha de pais separados, aos finais de semanas ia para a casa do meu pai biológico e lá me deparava com a maior parte desses desafios. Quase sempre demônios se manifestavam na vida dele. Nesse tempo, minha mãe começou a ir à igreja. Mesmo eu sendo uma menina, estava aprendendo sobre o mundo espiritual. Então, tive o discernimento de expulsar o mal em nome do Senhor Jesus. Por diversas vezes, quando satanás se manifestava, ele dizia que tinha muitos planos para mim em seu reino. Mas o Espírito do Senhor estava sobre mim e falava ao meu coração e não me deixava aceitar o que ele me oferecia.

Ainda pequena, precisei ajudar minha mãe a cuidar dos meus irmãos — mais do Marcelo, o caçula. Por esse motivo e por dificuldades financeiras, eu faltava muito à aula. No final do Ensino Fundamental, eu tinha tanta dificuldade com as matérias e recebia tanta zoação dos meus colegas pelas faltas que eu parei de estudar.

Eu tinha muitos sonhos, porém todos distantes. As dificuldades fizeram com que eu me afastasse do Senhor. E o plano do inimigo estava se cumprindo. Eu estava com 15 anos e havia acabado um relacionamento que achava ser enviado pelo Senhor; tinha muitos amigos, mas não podia contar com ninguém. Tudo em minha vida desmoronava.

Certa vez, aos 16 anos, fui dormir sozinha na casa de uma amiga que havia viajado, para cuidar da casa dela. Eu não tinha um pingo de medo, contudo, naquela madrugada, satanás se manifestou no gatinho de estimação dela e tentou me matar. Saí sozinha na madrugada de volta para casa.

Ao amanhecer do dia seguinte, dia 21 de fevereiro de 2004, a angústia pairava sobre meu peito. Era um dia chuvoso. Procurei meus amigos, andei bastante, mas não os encontrei. Foi, então, que me lembrei do quanto o Senhor me guardava.

Havia pessoas que ministravam sobre Jesus para mim. Um deles era meu irmão, Douglas. Por inúmeras vezes, ele me convidou para ir à igreja que ele estava frequentando, mas eu nunca havia ido. Voltei para casa, me arrumei e fui para a igreja. Ali o Senhor me chamou de volta para o meu propósito e renovei minha aliança com Cristo.

Minha primeira experiência de renovo foi naquela mesma hora. Havia um grupo de louvor adorando ao Senhor no altar. No contrabaixo do jovem que o tocava, havia um adesivo com o nome "Jesus". Quando olhei para o adesivo, o nome de Jesus brilhou e eu vi a minha história passando diante dos meus olhos. Foi lindo! Em frações de segundos, o Senhor mostrou para mim o que aconteceria: ir para aquela igreja, casar-se com aquele "menino" e tanto mais. Peguei no braço da minha irmã e disse: "Jé, eu vou à outra igreja, vou casar com aquele menino...".

Aquele culto foi renovador. Vivi, literalmente, o extraordinário do Pai. No final do culto, o rapaz veio falar comigo. Claro, não contei nada do que vi. Meu cunhado nos liderava e, com ato profético, passou para ele a responsabilidade de me discipular. Começamos a caminhada e ele me doutrinava com Palavra, jejum e oração. Andávamos juntos e eu realmente me esqueci daquela visão.

O inimigo não estava feliz. Continuou enviando seus dardos para destruir os melhores relacionamentos que eu tinha: um grande amigo me apresentando o Supremo Amigo. Os outros supostos amigos que eu tinha começaram a reaparecer; um relacionamento do passado bateu em minha porta com pedidos de perdão e promessas, mas eu estava certa de que viveria um compromisso firmado com Cristo. Sem contar que meu amigo também passava por desafios que precisavam ser resolvidos, e eu o ajudava em oração.

Um dia, ele chegou em minha casa dizendo que iria embora para outra cidade a trabalho. Eu fiquei preocupada; ia perder meu melhor amigo. Então, fui orar, pedindo ao Senhor que não deixasse ele ir. Tive uma brilhante ideia: o único jeito de ele não ir embora seria se eu me casasse com ele. Falei isso com o Aba e passei a madrugada inteira de joelhos orando. Então, o Senhor me lembrou da visão. Eu me coloquei de pé, impressionada: como havia me esquecido disso? Entendi os propósitos do Senhor, entendi qual o verdadeiro amor. Meu Deus! Estava amando meu amigo, e agora?

Passei o dia todo pensando nisso. À noite, fomos para o culto e me lembro de que era uma campanha do Dia dos Namorados. Coloquei o nome dele no papel e ele o meu — sem que soubéssemos um do outro.

Pedia muito que ele não fosse, e ele dizia que só tinha um jeito de ele não ir, mas não falava qual era esse jeito. Demorou uma semana até que ele me pediu em noivado. Claro que aceitei! Nosso relacionamento continuou sendo na base da Palavra, e esperamos o casamento no civil e no religioso para termos mais intimidade.

Depois de um tempo casados, tudo começou a mudar: as provas vieram. Devido à distância, saímos da igreja que íamos e ficamos sem respaldo de aconselhamento e oração. Muitas promessas e combinados estavam indo por água abaixo. Quando engravidei, passamos desafios ainda maiores. O sistematismo da criação do meu marido começou a aflorar: ciúmes e más amizades foram pontos extremos para nos distanciarmos. Não conseguia seguir com meu plano de estudar, ter uma profissão — e havíamos combinado isso antes de nos casarmos. Como podia aquele ser um homem de Deus, usado para me forjar em Cristo?

Fiquei extremamente doente. Passei sete dias sem comer absolutamente nada, pois meu estômago rejeitava todo tipo de alimento. Eu me sentia muito fraca, meu coração acelerava e, de repente, só conseguia dormir lendo Salmos 23; 91 e 121. Meu esposo cuidava de mim, contudo continuava distante. Orei, li a Bíblia, fiz todo tipo de exame e, ainda assim, continuava mal. Achava que o erro era por ir a um hospital público. Então, fomos para o particular e pagamos os exames. Quando fui pegar o resultado dos exames, encontrei meu cunhado — aquele que passou a liderança da minha vida para o meu esposo. Ele me disse que eu teria bons resultados, e que aquilo era uma ação do inferno, que se reuniu para me matar.

Realmente, peguei os resultados e não tinha nada errado. Cheguei em casa, meu esposo voltou ao trabalho, me deitei no sofá e ali fiquei. Meu filho, que já tinha quase 2 anos, brincava perto de mim. Comecei, então, a orar intensamente em espírito e pedi ao Senhor que, se realmente aquilo fosse espiritual, eu fosse curada naquele momento. Imediatamente ao acabar de falar, meu filho largou o carrinho, deitou no outro sofá e dormiu. Recordo-me de vê-lo lentamente, como se eu estivesse anestesiada. Olho para cima e vejo a luz, como de um centro cirúrgico e, do meio dela, saindo uma pomba branca, indo até meu peito e puxando com as patas uma bola escura. Cheguei a respirar fundo; algo sujo estava sendo arrancado de dentro de mim. Pela primeira vez fui batizada pelo Espírito Santo.

Aleluia! Que experiência extraordinária. Ser tocada pelo Espírito de Deus é extremamente maravilhoso. Eu O adorava em línguas, cantava ao Senhor um cântico novo e falava com Ele. Como eu queria que meu esposo estivesse ali, contemplando aquela alegria comigo. No entanto, Deus me dizia: "Isso é com você, filha". Mais uma vez, percebi que meu lugar é nos átrios do Pai; há uma aliança estabelecida, a qual Cristo pagou por mim. Logo, decidi servir a ele como filha, e tê-lo como meu Aba.

Quando o Senhor acabou de operar, meu marido chegou em casa. Contei o ocorrido e glorificamos o Senhor. Relembrei o quanto meu marido havia pagado um preço por mim e que agora era o momento de lutar por ele. Daquele dia em diante, decidi tomar o controle da minha vida, pois meu Pai está no comando de tudo.

Nós nos firmamos na igreja e começamos a trabalhar na obra. Entretanto, estávamos no processo de preparação e cura para algo maior. Um ano depois, engravidei e, mesmo sendo uma gravidez de alto risco, voltei aos estudos e terminei o Ensino Fundamental. Nesse tempo, fomos ungidos pastores. Ainda assim, passei por outros desafios, como ver minha filha morrer nos meus braços. Entretanto, mais uma vez, vi a mão de Deus agindo.

Parei tudo de novo para cuidar dos meus filhos e servir a pessoas. Sofremos armadilhas por nos doar demais e confiar em falsos amigos. Ouvi palavras terríveis de pessoas próximas dizendo que eu não era nada. Chorei lágrimas de sangue. Porém, não deixei de acreditar no meu Pai. Percebi que tudo isso fazia parte do processo e compreendi que algumas destas provas eram por decisões de desobediência, honrando homens em vez de Deus. Por isso, foi necessário um posicionamento meu para retomar o controle da minha vida. Levantei-me. Alinhei minha vida com meu esposo, pastor Fabriciano, e tomamos decisões essenciais para viver o que Deus tem pra nós. Nosso casamento hoje é melhor do que quando começou.

Terminei meus estudos e comecei a trabalhar fora. Abrimos o nosso ministério direcionados por Deus. Fiz cada curso com garra. Tive apoio do meu esposo, meus filhos e amigos verdadeiros; todos presentes do Senhor. Sou grata a Deus, à minha família e a todos que fazem parte do meu crescimento e das minhas conquistas.

Este capítulo deste livro é um pequeno resumo da minha história. Em meio aos relatos contados aqui, houve muitos desafios dolorosos, porém, superados. Dia após dia continua sendo desafiador, com vários motivos para desistir. Mas sigo firme, porque sei quem é o meu Pai. Não o conheço só de ouvir falar, mas os meus olhos O contemplam; minha força é renovada, pois espero nEle (Is 40:31).

Hoje, posso dizer que sou a protagonista da minha história, pois sei bem qual a minha missão; sei qual mesa devo me assentar ou me retirar, e que minha prioridade é o Reino do meu Pai. Se sou o que sou, é porque o Grande Eu Sou me faz ser assim, e isso foi selado pelo Sangue de Jesus. Não foi só por mim, foi por nós. O Pai é nosso, creia nisso!

Não sei qual é o desafio enfrentado por você, mas saiba que Ele também é seu Pai. Você pode mudar sua vida, basta você chamar por Ele. Seja humilde, ore, busque a face dEle e se converta dos seus maus caminhos. Ele ouve dos céus, a perdoa e sara (2 Cro 7:14). O controle está em suas mãos, afinal, você é a protagonista da sua história. Escolha a parte boa e deixe um bom legado!

"Eu sou o que sou porque o Grande Eu Sou me faz ser o que sou. Creia! Por meio de Cristo Jesus, você também é uma vencedora."

Pra. Fabiane Alves

Franciely Santos

Meu nome é Franciely Santos, nasci em Salvador/BA. Sou filha de José Francisco e Benice Francisca, família amada a qual sou grata a Deus por pertencer.

Sirvo a Deus na ADSP — Boa Vista. Sou ministra de louvor e estou à disposição para anunciar as boas novas de Cristo, servindo aos meus irmãos aonde quer que for. Além do chamado ministerial, sou enfermeira de formação e atuo na área de saúde da mulher.

Sou idealizadora do Programa Mulheres Conectadas ao Propósito, que agrega projetos voltados ao público feminino, e ensino mentoras e terapeutas de mulheres a posicionarem seus conteúdos a favor do ciclo de vida feminino, com base científica.

Superei muitos desafios para viver o real propósito de Deus para minha vida. Ele escolheu este tempo para que, por meio da minha história, você se conecte com a força divina que te fará vencer os cenários desfavoráveis.

francielyinsta

+55 (71) 98633-8673

SE DEUS TEM UM PLANO COM VOCÊ, NADA PODE O DETER

8

Franciely Santos

> Quando os dias forem bons aproveite-os bem; mas quando forem ruins, considere: Deus fez tanto um quanto o outro, para evitar que o homem descubra alguma coisa sobre seu futuro. (Ec 7:14)

A protagonista em Jope

Uma discípula, mulher notável pelas suas boas obras, ajudava aos pobres, tecia roupas e doava. Ela ficou doente e veio a morrer, mas depois de um longo processo retornou à vida (At 9:36).

O plano B

Para que eu viesse ao mundo, minha mãe passou por uma grande aflição. Já internada, a placenta foi expelida antes que eu nascesse e ambas estávamos correndo risco de morte, sendo que esse cenário indicava risco de asfixia fetal. Dessa forma, nasci roxa e sem chorar, mas sobrevivi.

Nasci em setembro e, seguindo a cultura da época, por diversas fases da minha infância, participava de alianças disfarçadas de brincadeiras ou comemorações típicas de devoção. Participei de muitas festas seculares na minha infância. Em uma dessas, fui apresentada ao álcool, mas a mão de Deus não permitiu que eu enveredasse por esse caminho, pois imediatamente senti repulsa. Durante esse período, lembro-me de uma vez em que estava em uma festa de carnaval na praia de Bom Despacho e fui surpreendida com a invasão de um cortejo na residência. Fiquei assustada com tudo aquilo e, correndo, me retirei do local. Já era próximo à noite e tínhamos uma programação para visitarmos a Ilha de Gameleira, em Vera Cruz. Apreciando a cultura e fantasiada, eu dançava e brincava com algumas colegas de infância, até que o bumba meu boi, uma fantasia alegórica, me arremessou e eu caí em uma ribanceira. Mesmo criança, com aquele machucado, percebi que eu estava no lugar errado, na hora errada e com pessoas erradas. Então, decidi não frequentar mais aquele ambiente.

"Confie no Senhor de todo o coração e não se apoie no seu próprio entendimento. Reconheça-o em todos os seus caminhos e Ele endireitará as suas veredas" (Pv 3:5-6).

O Deus que alinha a rota do destino

Minha mãe tinha retornado para os caminhos de Deus e meu pai aceitou a Jesus como único e suficiente Salvador. Passei a frequentar à igreja com eles, e lá aprendi o primeiro versículo: "Porque Deus amou o mundo de tal maneira que deu o seu filho unigênito, para que todo aquele que nele crê não pereça, mais tenha a vida eterna" (Jo 3:16). Dia após dia, eu aprendia mais sobre o evangelho. Até que, no dia do batismo do meu pai, senti o desejo de ir à frente e me consagrar a Jesus.

Durante à noite, eu tinha sonhos e visões terríveis que só pararam quando eu fiz uma oração a Deus pedindo que tudo aquilo cessasse. Passei a participar dos grupos da igreja e um deles chamava-se "Marcos 16:15"; sim, era o grupo de missões e eu era uma das mais jovens integrantes. Nos cultos de missões, marchávamos por toda igreja com bandeiras nas mãos simbolizando um ato profético de que as nações se renderiam ao Senhor.

Depois de um tempo, minha mãe recebeu um telefonema. Era a missionária Nai, uma pessoa muita amiga e usada como instrumento de Deus para a vida de muitas mulheres e famílias; a sua marca é um quarto de oração. Nessa ligação, ela pediu a minha mãe que fosse na casa dela comigo. Chegando lá, ela contou que teve um sonho e sabia que era da parte de Deus. De forma didática, ela me mostrou a cartela de cores e o significado de cada uma delas, até que chegou na cor amarela. Antes de falar da cor amarela, a missionária contou o sonho. Nele, ela se via entrando com vestes reais e logo na sequência eu seguia os seus passos e já estava vestida com o mesmo molde de vestido que ela, porém da cor dourada, bem reluzente. Ali ela me disse que Deus tinha algo maior para a minha vida no reino espiritual e que eu faria obras maiores para engrandecer o nome de Deus. A partir daquele dia, entendi que o plano de Deus iria se cumprir, porque em mim já não havia desejo algum de olhar para trás; o foco era seguir a nova rota.

O Deus que confirma a aliança

Passaram-se os anos e criei experiências com Deus. Amadureci na fé por meio de jejum, oração, consagração e leitura da Palavra. E, assim, Deus se revelou para mim. Por meio dessas armas, superei conflitos internos, problemas sentimentais e cenários que pareciam ser desfavoráveis.

Nessa reconstrução de identidade, Deus me levou ao evangelismo. Mesmo ferida por desilusões do passado, o propósito dEle para minha vida precisava ser concretizado. Como vaso de barro, lá estava eu para levar água viva àqueles que tinham sede.

No evangelismo pelas ruas de Salvador, eu e minha família entregávamos sopa e agasalhos; fazíamos um culto com oração, louvor e uma breve mensagem de fé. Nesse tempo, senti Deus me trazendo de volta ao propósito de levar almas para o reino dEle, por meio das boas obras e da propagação do evangelho.

Superei essa tempestade com a ajuda da minha família e de mulheres de Deus, que fizeram uma rede de apoio espiritual. Eu mesma pude provar o quanto é reconfortante estar sendo guiada por mulheres que se posicionam para servir como farol para outras vidas e entendi que, antes de ser através de mim, Ele precisava fazer o milagre em mim.

Deus me presentou desde a infância com o dom do louvor e, por meio dele, tenho usado a minha voz exclusivamente para o propósito que Ele me convocou. Em 2023, a missionária Tabita profetizou que eu seria um instrumento de Deus através da minha voz e lançou a pergunta: "Pode uma cantora ser missionária?". Mais uma confirmação de Deus para o projeto missionário que Ele tem na minha vida.

Em um tempo recente, Deus me fez protagonizar na vida de uma "Dorcas", alguém muito preciosa que tinha uma marca de mulher forte. E a palavra de Deus afirma em Efésios 6:10: "No demais irmãos meus, fortalecei-vos no Senhor e na força do seu poder".

Com certeza, você tem ou já teve alguém como referência de força. Nós nos inspiramos no ser humano para vencer obstáculos e enfrentar muitos desafios, mas sem Deus não somos nada. Romantizar dores ou colocar a mulher como super-heroína descaracteriza a imagem da instabilidade humana. Somos seres mortais e a vida não é linear; passamos por altos e baixos, e é preciso verificar como o físico, o emocional e o espiritual repercutem em nossa jornada de vida. Mas, em meio a toda essa instabilidade enquanto humanos, é possível lançar sobre Deus — o ser estável e incorruptível — todas as nossas questões, e assim receber força para protagonizarmos a história que Ele escreveu. O Senhor me levou por um caminho em que me sentia sendo esmagada, enquanto lutava com as minhas próprias forças. Mas quando me submeti à força do Espírito Santo que em mim já habitava, o agir de Deus modificou o cenário.

Dorcas, ainda tem vida aí!

"Por isso, não desfalecemos; mas, ainda que o nosso homem exterior se corrompa, o interior, contudo, se renova de dia em dia" (2 Co 4:16-18).

A Dorcas que Deus me levou a mentorar apresentava uma disfunção biológica que afetou a saúde física, espiritual, mental e social. O autocuidado foi alterado de tal forma que Deus me fez protagonista nesse processo, usando a minha vida como canal de cura. Mas a Dorcas da Bíblia também precisou de instrumentos de cura, como:

- quarto alto:

"Aquele que habita no esconderijo do altíssimo, à sombra do Onipotente descansará" (Sl 91:1).

Ei, graciosa! Você cuidou de muitos, agora permita que Deus se encarregue de cuidar de você.

- águas purificadoras:

"Para a santificar, purificando-a com a lavagem das águas através da palavra" (Ef 5:26).

Ei, graciosa! A palavra de Deus nos purifica das sujeiras do mundo e dos fardos que a sociedade nos impõe.

- palavra de ordem:

"Assim como a chuva e a neve descem dos céus e não voltam para eles sem regarem a terra e fazerem-na brotar e florescer, para ela produzir semente para o semeador e pão para o que come, assim também ocorre com a palavra que sai da minha boca: ela não voltará para mim vazia, mas fará o que desejo e atingirá o propósito para o qual a enviei" (Is 55:10-11).

Ei, graciosa! Você está debaixo da palavra de Deus e tudo o que acontece em sua jornada tem propósito. Muitas vezes, nesse caminho, você pode se sentir solitária, mas entenda que tudo está no controle dEle e no tempo dEle a boa obra será concretizada.

- uma mão:

"Pois eu sou o Senhor, o seu Deus, que o segura pela mão direita e diz a você: não tema; eu o ajudarei" (Is 41:13).

Ei, graciosa! Há situações em que precisamos segurar em uma mão para nos levantar. A palavra de ordem despertou a Dorcas, mas só a mão de alguém cheia do Espírito Santo que a levantou. Não é à toa que somos o corpo de Cristo e precisamos de união para ajudarmos uns aos outros.

Portanto, creia! Deus vai levá-la a caminhos em que você precisará tomar uma decisão: confiar nEle, crendo em seu poder e força; ou perecer no deserto sem suprimento espiritual. Assim, quero lembrá-la que se você depositar a sua esperança e socorro em Deus, Ele determinará o seu destino e lhe dará direção para vencer toda e qualquer situação. E foi assim, debaixo de oração, devocionais, consagrações e louvor que Deus reverteu um quadro sem boas expectativas.

"Ele dá força ao cansado e multiplica as forças ao que não tem nenhum vigor" (Is 40:29).

Abrace toda a ajuda espiritual que Deus está lhe dando; muitas vezes elas são manifestadas por mensagens de fé e pessoas comprometidas com almas.

"Respondeu-lhe Jesus: 'O que faço agora, não podes compreender, todavia o compreenderás mais tarde'" (Jo 13:7).

Depois que isso tudo aconteceu, percebi que Deus tem um chamado comigo em relação à área missionária, de louvor e de saúde da mulher. Naquele período, o Senhor estava me forjando para um novo tempo e uma nova estação na qual Ele me usaria para ser instrumento de cura para restaurar a identidade de mulheres.

Lembre-se de quem você é em Cristo. Nós somos cartas de Deus; Ele nos criou para um propósito de salvação. Você será restaurada para ser a resposta da oração de alguém. Acompanhe as minhas redes sociais e amplie sua visão sobre saúde espiritual, física, mental e social.

Deus não a chamou para ficar prostrada. Ele a chamou como filha amada.

BIBLIOGRAFIA

BÍBLIA SAGRADA. Nova Versão Internacional (NVI). Rio de Janeiro: Thomas Nelson Brasil, 2021.

BÍBLIA SAGRADA. Almeida Revista e Atualizada (ARA). Barueri: Sociedade Bíblica do Brasil, 2021.

BÍBLIA SAGRADA. Almeida Corrigida Fiel (ACF). Rio de Janeiro: Thomas Nelson Brasil, 2023.

BÍBLIA SAGRADA. Almeida Revista e Corrigida (ARC). Barueri: Sociedade Bíblica do Brasil, 2018.

BÍBLIA SAGRADA. Almeida Revista Imprensa Bíblica (ARIB). Barueri: Sociedade Bíblica do Brasil, 2018.

BÍBLIA SAGRADA. King James Atualizada (KJA). Rio de Janeiro: Arte Gospel, 2020.

"Na vida dos que creem em Deus, nada é coincidência ou obra do acaso; tudo é um propósito divino."

Franciely Santos

Bpa. Jocelene Borges

Meu nome é Jocelene L. Borges, filha amada do Pai. Sou casada com Divino Rocha, mãe da Ingrid, da Paula e da Esther (em memória).

Sou bispa e sirvo juntamente com meu marido na igreja Comunidade Batista Ministério Vida, na cidade de Três Lagoas/MS.

Sou formada em Administração de Empresas pela UFMS e pós-graduada em Gestão do Trânsito. Além disso, sou funcionária pública, palestrante e mentora de mulheres há mais de dez anos. Também sou coautora do livro *Conexão destino: uma mulher-chave destrava destinos*.

Servindo no Reino com amor e dedicação, acredito e tenho vivenciado milagres na vida daqueles que decidiram por Jesus Cristo como seu Senhor e Salvador.

joceleneborgestl

igreja_cbmv_tl

cbmvtreslagoas

DECIDA VIVER O ENREDO QUE O CÉU ESCREVEU

9

Bpa. Jocelene Borges

Quantas mulheres não estão vivendo os propósitos de Deus porque têm se sujeitado a viver uma vida como coadjuvante da história de alguém, como uma sombra, submetendo-se a um dominador que detém o controle de suas emoções, delimitando, assim, suas ações e todo o seu modo de viver.

Por quinze anos da minha vida, eu vivi assim, conduzida. Não tinha vontade própria, nem iniciativa, nem poder de decisão. Eu era casada com um homem dominador e era passiva a ele em tudo, seguindo seus passos, mesmo sabendo que não íamos chegar a lugar algum.

Eu servia fielmente ao Senhor e orava fervorosamente para que meu marido também se convertesse, mas isso não aconteceu. Todas as vezes que eu ia à igreja, quando chegava em casa, era uma discussão. Ele era muito claro em se opor e dizer que não queria mais que eu fosse à igreja; ele me chamava de fanática, louca, e debochava da minha fé, dos irmãos e da igreja. Enquanto eu estava orando, ele estava bebendo e fumando; um jugo desigual que me fazia ter uma vida de tormenta e muitas brigas. Uma vez, eu estava no quarto orando e ele gritou: "Pare de orar! Eu estou vendo demônios passando aqui pela sala".

O meu sonho era que ele aceitasse Jesus, fosse transformado, para que pudéssemos viver em paz e harmonia. Tantas coisas eu sofri, tantas coisas eu passei. E depois de traições, mentiras e oposição à minha fé, ele me fez uma pergunta: "Ou eu ou seu Jesus? Você vai ter que escolher". E eu, sem hesitar, respondi que nunca deixarei meu Jesus por nada nesse mundo.

Ele me disse: "Não nasci para ser crente. Na igreja eu me sinto um peixe fora d'água. Não quero e não vou. Segue sua vida sem mim". Então ele me trouxe um pedido de divórcio para assinar e foi embora. Foi muito difícil no começo. Eu o amava, era meu marido, pai da minha filha. Achei que não ia conseguir passar por toda aquela dor; chorei muito.

Eu era totalmente dependente dele em todas as áreas. Então, tive que aprender a caminhar com minhas próprias pernas, a tomar decisões, a viver sem ter alguém me dizendo o que fazer. Eu não tinha forças e achava que era incapaz de tomar as rédeas da minha vida. Foi então que Jesus segurou firme em minhas mãos e me disse: "Eu estou contigo. Não lhe deixarei como ele deixou". E, gradativamente, Jesus foi me ensinando a viver o que Ele tinha para mim.

Só então eu percebi o quanto eu era presa, limitada e condicionada ao querer de outra pessoa; eu coexistia e não sabia; eu era um fantoche, uma marionete. Até pouco tempo atrás, eu me martirizava por ter me submetido a viver assim. Às vezes, vinha um sentimento de que eu havia perdido um tempo da minha vida, mas o Senhor me ensinou a olhar para frente; o que passou, passou, e não volta mais. Eu me concentrei no futuro e no que eu ainda poderia viver em Deus! O Senhor enxugou minhas lágrimas e eu senti Sua doce presença todos os dias me dando ânimo, força, coragem e um novo destino.

Entenda, eu não estou fazendo apologia ao divórcio, nem dizendo que um casal deve se separar quando poderia haver reconciliação. Eu creio em um Deus que restaura famílias. A família é projeto de Deus. Amo família e a defendo! Também não estou dizendo que não existam maridos que se converteram. Sei de muitos testemunhos e outros que ainda vão entregar suas vidas a Jesus por meio da oração de suas esposas. Eu creio no poder da oração e sei que há muitos lares que foram restaurados. E glória a Deus por isso! Sei também que esta é a vontade de Deus.

"Que quer que todos os homens sejam salvos, e venham ao conhecimento da verdade" (1Tm 2:4).

É possível conviver com alguém que não serve ao Senhor, desde que haja concordância e, principalmente, se o cônjuge não crente consentir em viver em paz com o cônjuge crente, sem tentar impedir o crente de ir à igreja. Se houver amor e respeito, então viva feliz! Existe respaldo bíblico.

"Mas aos outros digo eu, não o Senhor: Se algum irmão tem mulher descrente, e ela consente em habitar com ele, não a deixe. E se alguma mulher tem marido descrente, e ele consente em habitar com ela, não o deixe. Porque o marido descrente é santificado pela mulher; e a mulher descrente é santificada pelo marido; de outra sorte os vossos filhos seriam imundos; mas agora são santos" (1 Co 7:12-14).

Sabemos que Deus deixou o livre-arbítrio, o poder de escolha, aos homens, e para que haja conversão, tem de haver um querer da parte do homem. E essa é a resposta, porque muitas mulheres têm orado por seus maridos não crentes e esperado por anos, e nada acontece. Quantas mulheres dentro das igrejas vivem com um ímpio uma verdadeira tormenta, uma vida de tortura psicológica e até física; são traídas, humilhadas e violentadas. Por isso, temos visto tantos feminicídios.

Um homem que não ama a Deus não vai conseguir amar uma mulher e ser fiel a ela. Esses maridos têm o coração de pedra e não deixam o Espírito Santo falar ao seu espírito. Eu sei que há maridos que se dizem cristãos que também agem assim, como homens dominadores, violentos, adúlteros, que não nasceram de novo e não tiveram um encontro verdadeiro com Jesus. Mas você, mulher, vai viver mais quantos anos assim? E se ele não mudar? E se nada mudar? Você vai viver toda sua vida assim? Você não merece isso! Decida hoje ser a protagonista da sua história! Você é o personagem mais importante da sua narrativa e terá o tratamento que tolera, os limites que estabelece e o respeito que reivindica. Muitas vezes somos os únicos culpados por nada mudar. Simplesmente porque não mudamos como pessoa, nem em nossas escolhas. Temos medo de tomar decisões e vamos vegetando, vendo o tempo passar.

Não é que Deus não pode ou não quer fazer, ou que Deus não tenha ouvido as suas orações, ou que você orou pouco, que faltou fé; nada disso! Algumas pessoas não deixam Deus trabalhar em suas vidas. Todos são criaturas, mas nem todos são filhos. A escolha por Cristo é pessoal e intransferível. Muitos vão continuar vivendo como estão e sendo quem são, sem nenhuma mudança, e vão partir sem Cristo.

"O Senhor fez todas as coisas para atender aos seus próprios desígnios, até o ímpio para o dia do mal" (Pv 16:4).

Para quem ainda é solteira, entenda que, depois de aceitar Jesus, a decisão mais importante das nossas vidas é com quem vamos dividir nossa vida aqui na Terra. Por isso, sempre falo às solteiras: o namoro também é um tempo de observar os defeitos da outra pessoa e analisar se é possível conviver o resto da vida ao lado dela. A pessoa que conhece a palavra de Deus tem que se relacionar com alguém que também ama a Jesus.

No mundo secular, as pessoas se relacionam por atração física, paixão e desfrute. São relacionamentos que, muitas vezes, não vão terminar em casamento; e alguns nem querem mais se casar e vão trocando de parceiro constantemente, sem perceber quantas dores estão acumulando ao longo de suas vidas. Mas, para nós que servimos ao Senhor, o namoro é com o objetivo de se casar. Por isso é tão importante escolher muito bem quem vai ser essa pessoa. Se existir oração e tudo for direcionado por Deus ainda no namoro, será evitada uma vida de pesares e arrependimento.

Nenhuma euforia ou entusiasmo pode esconder quem verdadeiramente a outra pessoa é, porque Deus revelará ainda no namoro. Se você está na fase de namoro ou noivado e tem visto que essa pessoa não vive segundo os princípios da Palavra — não honra pai e mãe; é uma pessoa de caráter duvidoso; talvez seja agressivo e tenha gritado com você; e tantos outros sinais que a pessoa vai demonstrando —, escute o que estou lhe falando: ainda dá tempo de sair desse relacionamento; termine tudo! Vai doer muito, mas vai ser pior se casar com alguém assim; eu tenho convicção e experiência no que estou dizendo. Não se case! Essa pessoa não vai mudar depois que se casar e, talvez, até piore — até porque ninguém muda ninguém.

Entenda que o plano do inimigo não é apenas prendê-la em um jugo desigual, a um casamento infeliz; o plano dele é tentar impedi-la de todas as formas de ser a protagonista da sua história e viver em plenitude o propósito de Deus. Se você já está casado, precisa de alguém que também apoie e incentive o seu chamado. Deus tem planos lindos para a sua vida, coisas que o céu projetou para você viver e fazer nessa terra. E há muitos cônjuges sendo usados pelo inimigo, tentando impedir pessoas de viverem os propósitos de Deus. Em 2 Samuel 6, Mical debochou da forma como Davi se expressou em adoração a Deus. Por esse motivo, ela não teve filhos. Imagine se Sarai tivesse dito a Abrão que não iria sair de sua terra, sua parentela, para peregrinar com ele em uma terra que Deus ainda iria mostrar. Ela poderia se opor e dizer: "Deus falou com você, não comigo; eu não tenho nada com isso". Sarai poderia ter sido o motivo do pai da fé ser apenas mais um na terra, caso ela se opusesse e ele concordasse em ficar.

Muitos têm vivido impedidos ou limitados. Os planos do céu não vão se realizar por causa de cônjuges que, em vez de serem incentivadores e apoiadores, são verdadeiros opositores. Já é tão difícil viver o chamado, mais difícil ainda se o inimigo estiver bem ao lado, dentro de casa. Deus une vidas para unir propósitos. Os cônjuges precisam dizer um ao outro: "Vai, meu amor. Você consegue! Estou aqui torcendo por você!". Precisam interceder um pelo outro; não existe competição, nem rivalidade. Entenda que a conquista de um é a conquista de ambos, pois se tornaram uma só carne.

Hoje, sou uma mulher forte, determinada e corajosa; às vezes nem me reconheço. Entendi e recebi o amor do Pai. Não preciso mendigar o amor de ninguém; não dependo de aceitação, nem de aplausos. A Sua Graça me basta e o poder dEle se aperfeiçoa em minha fraqueza. Tenho um marido que está sempre ao meu lado e celebra cada conquista minha. E eu sou sua maior incentivadora e encorajadora! Eu e minha casa servimos ao Senhor. Meu lar é uma benção, um pedacinho do céu! Sou muito grata a Deus por tudo!

BIBLIOGRAFIA

BÍBLIA SAGRADA. Almeida Corrigida Fiel (ACF). Rio de Janeiro: Thomas Nelson Brasil, 2023.

"Você é o personagem mais importante da sua história e terá o tratamento que tolera, os limites que estabelece e o respeito que reivindica."

Bpa. Jocelene Borges

Pra. Lenir N. Anacleto

Eu me chamo Lenir e sou pregadora da Palavra de Deus. Nasci em Pedreiras/MA, no nordeste do Brasil, e moro no Rio de Janeiro/RJ.

Sou filha de Antonio N. da Costa e Sebastiana Maria do Espírito Santo. Sou casada há 28 anos com meu amado esposo, Alci de O. Anacleto, e juntos fomos agraciados com quatro filhos: Michele, minha filha do coração; Mateus, meu príncipe primogênito; Maria Luiza, minha princesinha; e Jonathan, meu genro.

Sou formada em Ciências Contábeis e em Teologia. Há dezenove anos, eu e meu esposo fomos consagrados a pastores pela ADESC (agora, Ministério de Madureira), por meio da qual já dirigimos cinco filiais e, hoje, nos encontramos na sede em São Cristóvão/RJ.

Minha história é de fé e sonhos realizados para a glória do Senhor Jesus.

leniranacleto

Lenir Anacleto

anacletolenir@gmail.com

SONHE OS SONHOS DE DEUS E VIVA OS SEUS PROPÓSITOS

10

Pra. Lenir N. Anacleto

Sonhar é uma atividade fundamental que nos impulsiona a viver uma vida significativa, com metas e esperança de obtermos o fim que desejamos, mesmo em meio às dificuldades da vida. Mas os sonhos de Deus consistem em realizar os nossos sonhos quando buscamos a Sua vontade em primeiro lugar, como descrito em Mateus 6:38. Sonhar os sonhos de Deus é viver os Seus propósitos — que são incomparavelmente melhores —, e não apenas a realização de uma satisfação pessoal.

O maior sonho de Deus é nos salvar do pecado, da morte e da condenação eterna e Ele nos deu condições de realizá-lo por meio do sacrifício de Jesus Cristo.

Quando Deus coloca um sonho em nosso coração, Ele já tem tudo preparado e ninguém pode impedir sua realização. Estar no centro da vontade de Deus é tudo o que precisamos para ver a concretização do mesmo. Na Bíblia, encontramos homens que tiveram sonhos e visões que mudaram o curso de suas vidas. Em Gênesis 37 até o capítulo 47, encontramos a história de um homem chamado José que, aos 17 anos, teve um sonho enviado por Deus; este sonho revelaria o seu futuro e mudaria o curso de sua história. Ele sonhou que estava com seus irmãos no campo ajuntando feixes, e eis que seu feixe ficava em pé e os dos seus irmãos rodeavam e se inclinavam perante o dele. Por isso, seus irmãos se aborreceram, dizendo: "Tu, pois, deveras reinarás sobre nós? Tu terás domínio sobre nós?". José teve ainda outro sonho e o contou a sua família. Nele, o sol, a lua e onze estrelas se inclinavam perante ele. Então, seu pai chamou sua atenção e perguntou se ele, sua mãe e seus irmãos se curvariam a José.

Seus irmãos, com inveja, na primeira oportunidade, o jogaram em uma cova e o venderam aos mercadores ismaelitas como escravo, para, então, ele ser vendido a Potifar, capitão da guarda de Faraó. Como vemos, seu sonho trouxe sérias consequências: ele foi escravizado, caluniado e preso. Mas em todo o tempo, o Senhor estava com ele o fazendo prosperar onde estivesse, até mesmo na cadeia. Além disso, Deus o concedeu o dom de interpretação de sonhos. E quando ele interpretou o sonho de Faraó — que viria sobre a terra sete anos de fartura e sete anos de fome —, o rei viu nele o Espírito de Deus e o elevou a segundo no reino, posição na qual somente Faraó estaria acima dele. Assim, José foi encarregado de administrar os sete anos de fartura para que não viesse a faltar mantimento nos sete anos de fome. Nesse tempo de escassez, todos iam ao Egito comprar comida, inclusive seus irmãos. Sem perceberem que era José, eles se curvaram ao segundo homem mais poderoso do Egito. Assim, o primeiro sonho de José se cumpriu. Após se revelar, José mandou buscar seu pai e toda a família para morar com ele naquela região. Todos se curvaram ao segundo homem mais poderoso do Egito, realizando, então, o segundo sonho.

Eu também sou testemunha viva de que Deus ainda realiza sonhos e muitas vezes revela o que vai acontecer. Nasci em um lar evangélico e fui instruída desde pequena nos caminhos do Senhor. Apesar de ir para a igreja e participar dos cultos regularmente, eu precisava aceitar Jesus como Senhor e Salvador da minha vida.

Meu pai, por motivos de saúde, teve que sair do Nordeste e vir para o Rio de Janeiro, pois ele não podia mais trabalhar na roça. Ao chegarmos aqui, fomos morar em uma comunidade carente, em um barraco de tábuas; mas, apesar disso, minhas recordações desse tempo eram as melhores. Mesmo meu pai ganhando um salário-mínimo, nunca nos faltou nada; as bençãos do Senhor estavam sobre ele. Não faltaram também instruções, como amar e servir ao Senhor.

Foi, então, aos dez anos que me posicionei nos caminhos do Senhor Jesus e o aceitei como meu salvador. Foi libertador! Minha vida mudou. Aquela menina triste, tímida e que tinha medo de tudo se tornou uma menina alegre e sonhadora, porque sabia que podia todas as coisas nEle. Agora, em Cristo, os sonhos que pareciam impossíveis — pois eu morava em comunidade e era de família simples — passaram a ser possíveis, como: estudar em uma faculdade, ter um bom emprego e adquirir bens.

Crescendo no Senhor e vendo o cuidado de Deus para com a nossa família, comecei a sonhar com uma casa para os meus pais saírem da comunidade. Sonhando e orando, no ano de 1983, o Senhor Deus nos deu uma casa; eu digo "nos deu" porque compramos sem dinheiro. O dono da casa gostou do meu pai e facilitou o pagamento dividindo o valor em parcelas iguais em notas promissórias pagas mês a mês. Nos primeiros meses foi difícil; foi necessário juntar as finanças do meu pai, da minha irmã e as minhas para pagar. Assim, fomos morar em uma casa e pudemos contemplar a mão poderosa de Deus em realizar os sonhos. Quando sonhamos, acreditamos e estamos no centro de Sua vontade, Ele, o nosso Deus, é poderoso para fazer.

Sempre acreditei que Deus trabalha em nossos sonhos. Quando José sonhou, ali já era Deus mostrando o que iria acontecer no futuro. Às vezes, um sonho — como a compra de um bem — representa Deus nos mostrando que Ele é capaz de realizar todos os nossos sonhos se permanecermos nEle e a sua Palavra estiver em nós.

Uma vez, enquanto trabalhava em uma loja no shopping e estudava, comecei a sonhar em ingressar em uma instituição financeira por conta do horário (apenas seis horas de trabalho por dia) e dos benefícios. Naquele tempo, só era possível ingressar por meio de carta de apresentação de algum funcionário e eu não conhecia ninguém. Mas o Senhor Deus, mais uma vez, se manifestou, realizando mais um sonho e, em 1984, lá estava eu sendo admitida para trabalhar na instituição financeira dos meus sonhos.

Como é bom sonhar e ver a realização desse sonho. Deus permite que sonhemos. Contudo, até a realização, temos que passar pelo processo e planejar fazer o que estiver em nosso alcance, pois Ele cuida do restante. Porque tudo é possível àquele que crê e que procura estar no centro da Sua vontade.

Comecei a sonhar alto e meu sonho passou a ser comprar um apartamento para mim. Mais uma vez, além de sonhar, eu orava e pesquisava valores. Foi quando vi que, pelas minhas condições, seria impossível a realização desse sonho. Sem desanimar e crendo em um Deus poderoso que realiza sonhos, continuei fazendo a minha parte: orando, pesquisando e poupando o que podia. Afinal, eu ainda ajudava nas despesas da casa e pagava meus estudos. Mas em dezembro de 1990, fui para a Região dos Lagos passar o dia em uma confraternização com a equipe que eu trabalhava. Quando o ônibus parou para pegar uma colega de trabalho, eu estava sentada na poltrona do lado esquerdo e olhei para fora. Então, em pensamento, sonhei: "O Senhor poderia me dar um apartamento aqui".

Continuei sonhando, orando e crendo. E em 1991, a instituição financeira em que eu trabalhava colocou à venda alguns apartamentos e eu pensei que seria minha oportunidade de comprar meu imóvel financiado, mesmo com todos dizendo que era loucura e que eu não conseguiria pagar. Seria para mim um grande desafio, devido à instabilidade econômica e às altas taxas de inflação, o que reduzia o poder de compra e dificultava qualquer planejamento financeiro de longo prazo. A instabilidade monetária durante esse período não me permitia fazer a previsão dos valores das parcelas ao longo dos anos. Com a inflação em níveis tão altos, as taxas de juros eram extremamente elevadas, e isso tornava esse financiamento de longo prazo muito caro. Por isso, comprar um imóvel nessa época seria quase uma aventura financeira, exigindo coragem e, principalmente, fé.

Mesmo assim, continuei pesquisando e constatei que o meu salário não correspondia ao exigido, mas que eu poderia juntar minha renda com a de alguém. Porém, quem iria somar comigo? Foi quando minha irmã embarcou nos meus sonhos e enviamos a proposta para a imobiliária. Para glorificar o nome do Senhor Jesus, no dia 12 de janeiro de 1992, assinamos o contrato e o apartamento ficava na mesma rua onde, um ano atrás, eu havia pedido ao Senhor que me desse um apartamento. Foi um sonho realizado.

Quando falamos de sonhos, no sentido de realização pessoal ou planos para o futuro, eles serão realizados se estiverem de acordo com os planos de Deus. Em Provérbios 16:3 está escrito: "Consagre ao Senhor tudo o que você faz, e os seus planos serão bem-sucedidos". Quando aceitamos Jesus como Senhor e Salvador de nossas vidas, Deus nos dá um lápis e uma folha em branco para escrevermos uma nova história: de conquistas, vitórias, de esperança e de sonhos realizados. Não quero dizer com isso que Deus vai lhe dar tudo o que você quer ou que não terá adversidades; muito menos que o exclusivo interesse de Jesus por nós está em nosso conforto — não! Ele não veio para servir às nossas expectativas. Jesus requer de nós fé, santidade e que vivamos na verdade; Jesus é a verdade. Mas, se procurarmos viver no centro de Sua vontade e correspondermos à sua expectativa sobre nós, Ele é poderoso para fazer infinitamente mais além de tudo o que pedimos ou pensamos.

Os sonhos são ferramentas de Deus para revelar Seus planos em nossas vidas e nos impulsionar a viver com propósito, fé e perseverança. Viver os sonhos de Deus é muito mais do que apenas buscar realizações pessoais; é caminhar em alinhamento com a Sua vontade, confiando em Suas promessas e experimentando da Sua fidelidade, mesmo em meio às adversidades.

A história de José e o meu testemunho pessoal reforçam que, mesmo quando os sonhos parecem impossíveis, Deus já tem tudo preparado, e Ele é poderoso para concretizá-los. Para isso, é essencial colocar nossos sonhos nas mãos de Deus, viver no centro de Sua vontade e confiar em Seu poder, sabendo que Ele faz infinitamente mais do que podemos pedir ou imaginar. A maior realização, no entanto, é aceitar Jesus como Salvador e viver a plenitude dos planos que Ele tem para cada um de nós. Os sonhos de Deus são sempre maiores, e entregar nossos sonhos a Ele é o caminho para uma vida de verdadeira esperança, vitória e propósito.

BIBLIOGRAFIA

BÍBLIA SAGRADA. Almeida Revista e Corrigida (ARC). Barueri: Sociedade Bíblica do Brasil, 2018.

“Não há impossível
para aquele
que confia nos
planos de Deus;
seus sonhos são
sementes do
propósito divino.”

Pra. Lenir N. Anacleto

Marcia Pereira

Meu nome é Marcia Pereira — uma mulher guerreira e determinada a viver as promessas que Deus tem para minha vida. Tenho 49 anos, nasci em Caxias do Sul/RS e, atualmente, resido em Balneário Camboriú/SC.

Sou mãe de quatro filhos: Aline (35), Alan (30), Débora (27) e Samuel (21). Também sou avó de dois netos: meu pacotinho de amor, Heitor, e minha neta de coração, Isadora. Meus netos são herança do Senhor.

Sou enfermeira e trabalho no serviço de urgência e emergência (SAMU) e no Hospital Cirúrgico de Camboriú. Além disso, sou microempreendedora na área da Estética.

Sou apaixonada e grata ao meu Deus por todas as benções e oportunidades concedidas por Ele. Oro ao Senhor para que minha história e testemunho de vida encorajem muitas mulheres.

marci_a_pereira

enf.marciapereira

marciapereira

marciasamubc@gmail.com

ATÉ AQUI NOS AJUDOU O SENHOR

11

Marcia Pereira

Neste capítulo, quero apresentar um pouco da minha história e encorajar mulheres a entregar suas vidas nas mãos do Senhor. Muitas vezes somos pegos pelo desânimo por não vermos as promessas de Deus se cumprindo em nossas vidas. Porém, Deus tem prazer em tornar real as promessas dele no tempo determinado por Ele.

Quando minha fé está abalada, quando minha esperança está adoecida, lembro-me de onde Deus me tirou e tudo o que Ele já fez em minha vida de forma visível. Como o profeta Habacuque nos orienta, temos que proferir declarações e determinar decretos; escrever a visão de promessas em nossa vida para que todos possam ler e ver o agir do nosso Deus, Todo-Poderoso.

O início da minha história

Vivi minha infância e parte da adolescência em um lar com muitas brigas e completamente desestruturado. Lembro-me da tristeza que eu sentia. Minha mãe tinha problemas com meu padrasto, que era alcoólatra. Brigas, ofensas, agressões... Era uma tortura mental constante. Hoje, sei que Deus era comigo em todo instante.

Jeremias 1:5 afirma: "Antes de formá-lo no ventre eu o escolhi; antes de você nascer, eu o separei e o designei profeta às nações". Assim como a Palavra do Senhor relata que Ele me conhece desde o ventre, creio que Ele já sabia de toda a minha história; creio que tudo o que passei foi permissão dEle.

Perdendo a inocência

Eu me casei aos 14 anos porque engravidei do meu ex-marido, hoje falecido. Ele era dez anos mais velho que eu. Meu casamento foi reflexo da casa de minha mãe – de forma ainda pior. Durante dez anos convivi em meio a agressões físicas e mentais; ameaças de morte com arma de fogo e faca já faziam parte do meu cotidiano. Entretanto, uma das piores torturas que uma mulher pode passar é a psicológica – e eu tive que aprender a conviver com ela.

Enfim, por meio de um mandado judicial, consegui pegar meus filhos e sair de casa deixando tudo para trás. Fui viver minha vida, tentando recuperar aquilo que eu tinha perdido e trabalhando para prover aos meus filhos o que eles precisassem. Passei longos anos caminhando em círculos, como o povo de Israel no deserto, até que resolvi voltar os estudos. Eu me formei como técnica de enfermagem e percebi a vida voltando a se equilibrar. Eu estava me encontrando como ser humano, me valorizando e abandonando o passado que foi tão cruel comigo.

Certo dia, acordei com um desejo de mudança. Deus colocou em meu coração a vontade de trocar de casa e morar em outra cidade. Mas não era qualquer cidade, era Balneário Camboriú – uma cidade linda e próspera, embora tivesse alto custo de vida. Portanto, fiz minha inscrição para o concurso público de técnico de enfermagem do SAMU. Algumas pessoas tentaram me desencorajar e desanimar, mas Deus já tinha dado o decreto – passei em 3º lugar no concurso para honra e glória de Jesus.

Gênesis 12:1 afirma: "Então o Senhor disse a Abrão: 'Saia da sua terra, do meio dos seus parentes e da casa de seu pai, e vá para a terra que eu lhe mostrarei [...]'". Da mesma forma que Deus agiu com Abraão, Ele me tirou de Caxias do Sul e me levou para Balneário Camboriú. Abraão não sabia para onde Deus estava o levando. No meu caso, eu sabia que iria morar em Balneário, mas não tinha um lugar para ficar.

Cheguei na rodoviária e a mulher que havia me alugado um quarto, não me atendia mais pelo telefone. Então, saí sem rumo com uma mala e orando: "Deus, foi o Senhor que me trouxe para este lugar. Sei que é da Sua vontade que eu esteja aqui". Sentei-me em uma praça e Deus me fez lembrar de uma conhecida que morava em Balneário, chamada Iris. Mandei mensagem para ela explicando o que tinha acontecido e ela na hora me falou: "Vem para o meu apartamento". O Senhor estava a usando para ser benção na minha vida. Assim, fiquei sete dias no apartamento dela e, depois, aluguei o meu próprio.

A batalha espiritual

No primeiro dia que me mudei, essa minha amiga foi dormir comigo para me acompanhar. Tivemos uma noite de horror: portas batendo, talheres caindo no chão e barulhos estranhos em todo o apartamento. Quando amanheceu, peguei meu celular e tinha uma mensagem deixada por algum espírito maligno que falava assim: "Oi, Marcia. Tudo bem? Deus lhe esperou. Daqui a pouco passo aí. A mamãe comprou". Confesso que até hoje não entendi essa mensagem, mas eu sabia que já era um levante espiritual contra minha vida. Só não conseguia entender por que Deus estava permitindo aquilo.

Comecei a chorar e clamava: "Deus, por que isto está acontecendo comigo? Eu orei tanto para o Senhor preparar um lugar para eu morar com meus filhos, e, agora, o Senhor está permitindo tudo isso?".

Romanos 8:28 diz: "E sabemos que todas as coisas contribuem juntamente para o bem daqueles que amam a Deus, daqueles que são chamados segundo o seu propósito". Deus permitiu todas essas coisas acontecerem para minha própria experiência com Ele. No desespero, meu clamor era um só e eu já me sentia sem forças para orar. Então, fui em busca de ajuda.

Um pastor chamado Osiel e sua esposa, Sula, foram até meu apartamento e se posicionaram com intercessões e orações. Foi a partir daquele momento que tive mais uma maravilhosa experiência com Deus. Esses mesmos pastores me ensinaram a amar Israel e me colocaram em um propósito maior: conhecer a terra dos meus antepassados — Abraão, Isaque e Jacó. Fui a primeira vez para Israel em 2019, quando tive umas das maiores experiências da minha vida. Foi inesquecível — uma viagem pela Bíblia.

O quanto buscamos saber a vontade de Deus

Depois de um ano morando em Balneário, conheci uma pessoa. No primeiro instante, eu não tinha intenção de me envolver, pois tinha receio de um novo relacionamento, devido aos traumas anteriores. Mas pela insistência, acabei me envolvendo e fomos morar juntos. Eu me apaixonei por ele e firmamos uma união estável. Eu o amava muito; para mim, ele era o melhor homem que eu já tinha conhecido.

Mas meu maior erro foi ter começado um namoro sem sequer pedir a Deus — eu tinha medo de receber um "não" como resposta. No decorrer de cinco anos juntos, eu enfraqueci minha fé e não tinha mais tanta vontade de buscar a Deus. Certo dia, tive um sonho — já era Deus me mostrando o futuro. Sonhei com meu marido e a amante sem ao menos saber o que estava por vir. Também tive dois sonhos com cobras – era Deus me preparando. Após dois meses do sonho, meu marido me pediu a separação de um modo cruel, me falando que não me amava mais; falava que éramos muito diferentes, entre outras coisas. E de um homem bonzinho, passou a me tratar com desprezo.

No dia que ele pediu a separação, eu me ajoelhei aos pés dele. Eu chorava como uma criança e lhe pedia: "Não vai embora, não me abandona". Eu estava desesperada; não queria perdê-lo. Tudo o que estava acontecendo naquele momento era igual ao sonho que tive dois meses antes do ocorrido. Eu orava e clamava: "Restaura meu casamento, Senhor"; eu me derramava pedindo ajuda a Deus. Até recebi uma palavra dos meus pastores me falando: "Deus mandou lhe dizer: 'Eu que estou tirando ele da vida dela, porque ouvi e vi coisas que ela não sabe'".

Eu me prostei aos pés do Senhor e renunciei àquele homem que estava me deixando para se casar com outra. Assim, minha oração mudou. Eu orava: "Deus, se é a sua vontade, então eu abro mão". Eu me lembro, como se fosse hoje, de tantas noites em claro, clamando a Deus pela cura do meu coração; pedindo que Ele derramasse seu azeite em minha dor e sarasse minha ferida. Então, após três meses, o Senhor me curou e me ajudou a perdoar aquele que tinha me causado tanta dor.

Em João 8:32 está escrito: "E conhecerão a verdade, e a verdade os libertará". Eu fui curada para honra e glória de Jesus, e hoje posso dar meu testemunho de cura e liberação de perdão pela graça e amor de Cristo. Deus permitiu que eu passasse por essa dor para aprender a buscá-Lo e entregar tudo em Suas mãos em primeiro lugar, para saber qual é a sua perfeita e agradável vontade para minha vida.

No início desse relacionamento, eu iniciei minha faculdade de enfermagem. Até então, era apenas um desejo do meu coração e parecia algo distante da minha realidade — mas Deus proveu e realizou aquele sonho. Ao me formar na faculdade, achei que não era capaz de atuar. Tinha medo e achava que Deus só tinha realizado um desejo do meu coração e que aquilo já bastava para mim. Entretanto, Deus me provou que Ele sempre esteve comigo e me capacitou. Hoje, posso dizer que, para honra e glória do Senhor Jesus, tornei-me enfermeira e me dedico cada dia mais em cuidar de vidas.

Só comecei a viver o sobrenatural depois que tomei consciência do que Deus tinha para minha vida. Quando a gente entende e compreende o que é de Deus para nós, começamos a viver o sobrenatural. Quando criamos um relacionamento íntimo com Deus, começamos a confiar nas promessas dEle.

O cumprimento das promessas

Voltando ao assunto sobre minha viagem à Israel, preciso contar alguns detalhes. Eu apaixonei por Israel e me dediquei a entender a história daquele povo. Quando iniciou a guerra no país em 2024, eu sentia que precisava fazer algo por eles. Então comecei a orar e pedir a Deus que me levasse àquele lugar novamente. Só que de uma forma diferente, eu queria servir àquele povo. Parecia mais um sonho distante, porém Deus me surpreendeu mais uma vez e assim conheci o projeto de voluntariado no exército de Israel. Em meio à guerra entre Israel e Gaza, ficamos em uma base militar por 25 dias, trabalhando para ajudar os soldados israelenses que estavam nos campos de fronte. Passamos por dias e noites tensas, dormindo em uma barraca quase ao relento, escutando o som das bombas caindo, ouvindo relatos sobre a guerra, chorando pelos que choravam e vivendo com toda intensidade todos aqueles dias de glória. Durante a madrugada, orávamos no campo da base militar. Foi uma das maiores experiências que já tive em minha vida.

Hoje, meu testemunho é para engrandecer o nome de Jesus, pois, com profunda gratidão, eu me lembro de onde Ele me tirou e aonde Ele tem me levado. Deus é o Senhor do tempo, e eu espero ainda por algumas promessas que Ele me fez. Creio que no tempo certo elas irão se cumprir. E assim também quero declarar que tudo o que Deus determinou para sua vida irá se cumprir.

BIBLIOGRAFIA

BÍBLIA SAGRADA. Almeida Revista e Atualizada (ARA). Barueri: Sociedade Bíblica do Brasil, 2021.

“O que Deus tem para nós pode vir acompanhado de desafios, mas jamais se perde, pois o próprio Deus guarda e protege todas as suas promessas.”

Marcia Pereira

Maria Borges

Sou Maria José Borges Ribeiro. Natural de Serrinha/BA, atualmente resido em São Paulo/SP com a minha linda família: meu esposo, Wilson Ribeiro; minha mãe, Maria José Borges; e minha filha, Rebeca.

Sou psicóloga, neuropsicóloga, pastora, mentora, esposa, mãe, amiga, escritora, empreendedora e empresária.

Minha trajetória me tornou uma mulher que superou e continua superando as dificuldades em Deus. Minha história é um testemunho vivo de impacto, transformação, superação e fé.

psicomariaborges.oficial

lifetimepsico

metodonis

mulheresquesuperam12

+55 (11) 95194-8739

+55 (11) 98611-9985

Maria José Borges

momentosupecao12

lifetimepsico@gmail.com

RENASCENDO EM DEUS: A JORNADA DE UMA MULHER QUE SUPERA

12

Maria Borges

Dedicação e agradecimentos

Agradeço ao meu Jesus, que me alcançou com seu infinito amor. Se não fosse esse amor, descrito em João 3:16, eu não estaria aqui hoje para contar a minha história.

Expresso minha mais profunda gratidão aos bispos Claudemir de Almeida e Fernanda Pordeus; à pastora Lena e ao pastor Lúcio; aos apóstolos França e Edna — por todo o apoio durante meu processo de superação.

Ao meu amado esposo, pastor Wilson Ribeiro, e aos meus filhos Ramon, Ruan, Brenda e Rebeca: agradeço à paciência e ao encorajamento constante.

À minha congregação, a família IARP, onde sirvo como pastora e sou honrada por cada ovelhinha que Deus colocou sob meus cuidados: vocês são canais do Senhor em minha vida.

Agradeço à equipe de psicólogas que trabalham comigo na Clínica de Psicologia Lifetime, pelo carinho, apoio e parceria.

Dedico este capítulo também às mulheres da Rede Mulheres que superam em Deus, à minha família e às participantes do projeto Conexão Destino. Vocês são preciosas e fazem parte desta linda obra de edificação para tantas outras vidas.

Minha jornada

Nasci em uma família simples e um lar adoecido, marcado por um ambiente conturbado. Meus pais não eram cristãos e minha mãe enfrentava uma vida de sofrimento devido às constantes traições de meu pai. Desde muito cedo, eu e meus irmãos ajudávamos nos trabalhos de casa. Passamos por momentos de dificuldade e dor. Entre os 9 e 11 anos, fui vítima de abuso sexual. Essas feridas marcaram minha alma, e, aos 15 anos, eu já carregava um peso enorme de traumas e dores. Apesar disso, havia em mim uma esperança inabalável: minha vida será transformada algum dia.

Ainda jovem, mudei-me para São Paulo. Minha chegada à capital foi marcante. Desembarquei na Rodoviária do Tietê com os pés sujos de fezes, algo que nunca saiu da minha memória. Naquele momento, parecia que aquilo simbolizava exatamente como eu me sentia: um verdadeiro instrumento descartável, alguém sem valor. Era como se o que estava do lado de fora refletisse o que eu carregava por dentro.

Eu vivia constantemente em busca de respostas, tentando entender por que eu nasci e qual era o propósito da minha existência. Eu me perguntava o que seria necessário para ser feliz, o que de fato significava felicidade e onde ela poderia ser encontrada. Essa busca parecia interminável, pois, ao observar o mundo ao meu redor, via pessoas aparentemente bem-sucedidas tirando suas próprias vidas. Isso me fazia questionar ainda mais: se nem o sucesso ou as conquistas materiais podiam garantir a felicidade, qual seria, então, o verdadeiro sentido de viver? Por mais que eu tentasse preencher o vazio dentro de mim, nada parecia suficiente. A alegria que eu encontrava era sempre momentânea, passageira, incapaz de sustentar minha alma por muito tempo. Era como tentar encher um vaso rachado: tudo escapava, me deixando novamente com a sensação de falta, de insuficiência. Quanto mais eu buscava as coisas do mundo, mais percebia que nenhuma delas dava conta de saciar o anseio profundo que existia no meu coração.

Esses pensamentos me acompanhavam como uma sombra, mas, ao mesmo tempo, alimentavam uma sede por algo mais profundo, algo que fosse maior do que o vazio que eu sentia. Eu ansiava por um significado, por algo que pudesse preencher meu coração de forma duradoura e verdadeira.

Eu tinha vergonha de revelar minhas feridas, de contar que havia sido abusada e que estava ali para recomeçar minha vida, morando com minha tia. Escondia minha dor por trás de uma fachada, tentando ao máximo não deixar que as pessoas percebessem o quanto eu me sentia perdida e pequena. Contudo, mesmo carregando tudo isso, algo dentro de mim ainda dizia que havia esperança e que tudo iria mudar.

Eu não imaginava que passaria por tantos processos. As feridas da minha alma eram imensas, e vivenciei um cenário de dores emocionais absurdas. Casei muito jovem e logo tive três filhos. Durante esse período, eu não tive paz e muitas vezes pensava em tirar minha própria vida. Quando sorria, era apenas para esconder a dor que carregava. Coloquei meu foco no exterior: compras descontroladas de roupas, sapatos, perfumes e tantos outros objetos – uma tentativa desesperada de preencher o vazio dentro de mim. E essa fase trouxe consequências terríveis: tentativas de suicídio, distanciamento dos meus filhos, perda de credibilidade e muitas outras situações. Mas Deus estava me guardando e preparando para um novo propósito.

Com o passar do tempo, devido ao casamento conturbado e às inúmeras experiências traumáticas — incluindo assaltos e tentativas de sequestro —, veio a separação. Ao contrário do que esperava, esse momento não trouxe alívio, mas aprofundou meu pesadelo. Eu carregava dores profundas: as marcas da minha infância, o sofrimento de ver minha mãe sofrendo, as cicatrizes do abuso e a dor de um casamento fracassado.

Após a separação, passei por momentos muito difíceis. No meio dessa dor, me envolvi com uma pessoa que acabou me afetando negativamente, principalmente na área financeira. Esse relacionamento trouxe perdas materiais e emocionais, aprofundando ainda mais as lágrimas e as dores que eu já enfrentava.

Para agravar a situação, eu rejeitava meu próprio nome — Maria José — e usava o apelido Ângela para me apresentar. Isso trouxe constrangimentos, pois muitas vezes precisei explicar por que minha identidade dizia algo diferente do que eu afirmava ser.

Fui me envolvendo em um mundo de baladas e falsas amizades. Esses caminhos trouxeram ainda mais problemas. Um dia, acordei com um odor terrível e uma secreção anormal. Procurei um médico e descobri que meu colo do útero estava comprometido, indicando o início de um câncer. Meu mundo desabou. Estava afastada dos meus filhos e da minha família, e, quando buscava apoio, só recebia palavras de julgamento e rejeição. Passei por esse processo sem os meus familiares. Até que surgiu uma luz. Ah, que luz! Era diferente de tudo o que eu já tinha experimentado. Não era momentânea, nem passageira; era uma luz que iluminava de dentro para fora, trazendo calor para um coração que, até então, estava frio e perdido. Essa luz não apenas me mostrou o caminho, mas revelou que havia propósito, valor e sentido para a minha existência. Era como se, pela primeira vez, eu pudesse respirar verdadeiramente, livre do peso que carregava por tanto tempo.

Reencontrei uma amiga, a Cassia. Ela me apresentou a Jesus, afirmando que Ele poderia mudar minha história. Mesmo hesitante, comecei a frequentar cultos. Depois de um certo tempo, me posicionei e confessei Jesus como meu Salvador, desci às águas do batismo e busquei viver uma nova vida. Mas nem tudo foram flores. Ao chegar na igreja, em alguns lugares fui acolhida, mas, na maioria, fui muito julgada. Minha história era conhecida por muitos: por causa da loja onde eu trabalhava, tornei-me uma mulher conhecida. Quando eu chegava às igrejas, as pessoas falavam, por conta da minha aparência, que quem estava ali era pombajira, que eu não era liberta. Algumas diziam até para as mulheres cuidarem dos seus maridos. Enfrentei todo tipo de julgamento. Mas, mesmo nesses momentos, Deus sempre usava alguém para me dizer que eu precisava ser forte, que aquela dor ia passar, e que tudo fazia parte de um processo. Eu sentia que estava literalmente na olaria, sendo moldada por Deus, como Jeremias 18:4 nos ensina: "Como o vaso que o oleiro fazia de barro se quebrou na sua mão, tornou a fazer dele outro vaso, conforme lhe pareceu bem aos olhos fazer".

Hoje, quando as pessoas dizem: "A senhora é uma mulher tão abençoada", eu respondo: "Nunca subestime os pequenos começos ou a história de alguém", baseada em Zacarias 4:10. Tenho uma história muito forte por trás de tudo o que conquistei. Lembro-me de um culto em que uma pessoa, do altar, declarou que "o inimigo estava entrando na igreja". Isso porque eu sempre fui muito vaidosa, gostava de me cuidar. Mesmo com dores na alma, cuidava do meu exterior: estava sempre bem arrumada, de salto alto, maquiada, com o cabelo arrumado. Minha aparência chamava a atenção, e, por causa disso, fui muito julgada.

Apesar disso, eu não desisti. Algo dentro de mim dizia: "Maior é aquele que está em vós do que aquele que está no mundo" (1 Jo 4:4). Entendi que o olhar do outro pode ser de julgamento, mas o olhar de Deus é sempre de amor e verdade. Ele conhece o coração e sabe quem deseja viver uma nova vida. Eu queria essa nova vida, e Deus sabia disso. Foi por isso que Ele me sustentou.

Hoje, digo com o coração cheio de alegria: "Até aqui nos ajudou o Senhor" (1 Sm 7:12). E sei que Ele continuará comigo, ajudando-me a cada dia. O preconceito que vivenciei ao longo da minha jornada me fez amadurecer e entender que o que importa é o meu posicionamento: foco nos meus objetivos e em como ajudar o outro. Coloquei minhas cargas na cruz e aceitei o fardo de Jesus, que é leve e suave. A opinião dos outros deixou de ser importante; o que passou a importar foi a direção do Espírito Santo para minha vida.

Agora, estou aqui, curada e renovada, proclamando que Deus pode todas as coisas. Ele reescreveu minha história. Realizei o sonho de ir para a faculdade, mesmo com pausas e desafios. Atualmente, sou psicóloga e conquisto meu público pela excelência do meu trabalho e pelo meu testemunho. Como pastora, acolho pessoas com o mesmo olhar de Cristo: respeitando suas histórias e mostrando que superar é possível.

Como pastora e psicóloga, tornei-me uma autoridade em superação. Valorizo a ciência, mas creio que, acima dela, está Deus, o Todo-Poderoso. A Ele atribuo toda honra, glória e louvor. Hoje, sou psicóloga, pastora, escritora, empresária e uma mulher que superou e continua superando os desafios em Deus. Jesus transformou minha vida — espiritualmente, psicologicamente, emocionalmente e profissionalmente.

BIBLIOGRAFIA

BÍBLIA SAGRADA. Almeida Revista e Atualizada (ARA). Barueri: Sociedade Bíblica do Brasil, 2021.

"A mulher que supera as dificuldades em Deus, transforma dor em força, julgamento em fé e desafios em testemunho de vitória."

Maria Borges

Pra. Nanda Martins

Sou Fernanda Martins, casada e mãe de três filhos preciosos: Matheus, Isabella e Arthur. Sou também avó da adorável Maria Alice, que, com seus 3 anos, ilumina nossos dias.

Nas próximas páginas, compartilho com você a importância da fé e da obediência a Deus. A fé nos capacita a confiar, a obediência nos orienta a seguir.

Como pastora, capelã, escritora, psicoterapeuta cristã, fundadora do ministério Mulheres sólidas em Cristo e apaixonada por Jesus e Sua palavra, dedico-me a ajudar mulheres a se conectarem com Deus e a encontrarem paz em meio aos desafios da vida.

Convido você a refletir sobre sua própria jornada de fé e a descobrir como a obediência pode abrir portas para benções inesperadas. Que esta leitura seja uma fonte de encorajamento e inspiração para você.

Estou à disposição e a serviço do Reino nos contatos a seguir.

pra_nandaps

+55 (33) 98830-8000

A FÉ E A OBEDIÊNCIA EM DEUS A LEVARÃO À PROMESSA

13

Pra. Nanda Martins

Neste capítulo, você verá uma conexão com Deus que a levará a um novo destino.

A perda da minha mãe foi um dos momentos mais devastadores da minha vida. O luto se instalou como uma sombra pesada, e eu me vi mergulhada em uma dor que parecia insuportável. No entanto, foi nesse abismo de tristeza que Deus começou a gerar em mim uma força e uma coragem que só Ele poderia oferecer. Era como se, no meio da tempestade, uma luz começasse a brilhar, revelando um novo caminho.

Nos dias que se seguiram ao seu falecimento, eu me sentia perdida. A vida, que antes parecia ter um propósito claro, agora estava envolta em incertezas. Mas, em meio a essa confusão emocional, algo dentro de mim começou a se transformar. Por meio de orações silenciosas e lágrimas derramadas, percebi que Deus estava me moldando para algo maior. Ele não havia me abandonado; em vez disso, estava preparando meu coração para uma nova rota.

Foi em uma dessas manhãs de reflexão, enquanto eu me sentava com a Bíblia aberta, que uma passagem me tocou profundamente. Em Isaías 66:9 diz: "'Abriria eu a madre, e não geraria, diz o Senhor; geraria eu, e fecharia a madre? — diz o teu Deus". Era sobre como Deus transforma a dor em propósito. Ali, percebi que a minha jornada de luto não era apenas um fim, mas sim um novo começo. O sofrimento que eu carregava estava se transformando em um combustível para minha fé.

A partir daquele momento, decidi que não deixaria a dor me paralisar. Em vez disso, escolhi deixá-la me guiar para mais perto de Deus. A cada passo que dava, sentia uma coragem crescente. Essa força não vinha de mim, mas sim da conexão que estava se solidificando com Ele. Eu sabia que, se continuasse a confiar e a obedecer, Ele me levaria a promessas que eu ainda não conseguia enxergar.

Com essa nova perspectiva, comecei a me envolver mais ativamente no trabalho voluntário. E, ao olhar para aquelas pessoas que precisavam de apoio, compreendi que minha missão era muito maior do que eu imaginava.

Assim, a cada dia que passava, eu me permitia ser usada por Deus. A fé e a obediência tornaram-se minhas âncoras. A dor da perda se transformou em um testemunho poderoso de resiliência e esperança.

"E sabemos que todas as coisas contribuem juntamente para o bem daqueles que amam a Deus, daqueles que são chamados segundo o seu propósito" (Rm 8:28).

De repente, ouvi a voz de Deus me trazendo a direção mais desafiadora da minha vida: abandonar tudo; minha parentela, minha casa, amigos, igreja etc., para ir para uma terra desconhecida onde Ele me disse que eu viveria algo novo. Quando olho para trás, vejo que todo o processo foi o início de uma jornada que me aproximou ainda mais de Deus de maneiras que eu nunca poderia ter previsto. A fé e a obediência estavam me levando a um lugar de promessa. E, embora a estrada ainda estivesse cheia de desafios, eu estava finalmente pronta para seguir em frente, confiante de que Deus me guiaria aonde eu precisasse ir.

"Instruir-te-ei, e ensinar-te-ei o caminho que deves seguir; guiar-te-ei com os meus olhos" (Sl 32:8).

Com a Bíblia aberta à minha frente, lembrei-me da história de Abraão. Um homem que, pela fé, deixou tudo para trás em busca de uma promessa. Eu sempre admirei sua coragem, mas agora me perguntava se conseguiria fazer o mesmo. Será que a minha fé seria suficiente para guiar meus passos?

Fechei os olhos e respirei fundo. "Senhor", comecei a oração, "ajuda-me a confiar em Ti, mesmo quando o caminho parece obscuro. Quero acreditar que a obediência a Ti me levará à promessa que guardas para mim". As palavras saíram do meu coração, e, à medida que falava, uma sensação de paz foi tomando conta de mim. Após a oração, decidi que era hora de agir.

A obediência não era apenas uma questão de seguir regras; era uma escolha diária, um compromisso com aquilo que eu acreditava. Lembrei-me da promessa que Deus me fizera: eu seria uma luz na vida de outras pessoas. Para isso, precisava me abrir e permitir ser usada.

Deus me conectou a uma mulher muito especial, pastora Márcia, que foi direcionada pelo Espírito Santo para dar o apoio de que eu necessitava. Com ela, aprendi a ver a beleza na dor, e a força que ela poderia gerar. Durante nossas orações recebi a resposta do Pai. Assim Ele disse: "Vai, e não olhe para trás".

Enquanto preparava a mudança para uma nova cidade e estado, sentia uma mistura de ansiedade e expectativa. Essa nova jornada era um desafio, mas também uma oportunidade de crescimento e renovação. Eu estava pronta para renunciar tudo e abraçar o desconhecido, sabendo que, independentemente do que viesse, Deus estava comigo. E, em apenas dois meses, estava eu aqui, em minha nova morada, Porto Seguro/BA.

Assim, a cada passo nessa nova estrada, eu me permitia ser guiada. A luz que desejava ser na vida de outras pessoas brilhava mais intensamente, e eu sabia que minha missão apenas começava.

A dor que um dia me paralisou, agora me impulsionava a seguir em frente, criando uma nova história de fé, amor e esperança. A jornada estava apenas começando, e eu estava pronta para vivê-la com toda a força que Deus havia colocado em meu coração.

Quero dizer a você, querido(a) leitor(a), que o sofrimento é uma parte inevitável da vida humana; é algo que todos nós experimentamos em algum momento da nossa vida. Muitas vezes, o sofrimento pode parecer sem sentido e insuportável, mas é importante lembrar que ele também pode ser uma valiosa oportunidade de aprendizado e crescimento espiritual.

Começando uma nova jornada

Chegando na cidade onde estava designada a estar de acordo com a vontade de Deus, senti uma imensa alegria. Essa nova terra era um território desconhecido, mas eu sabia que estava aqui por um propósito divino. Nessa transição, comecei a receber respostas do Pai por meio de visões. Uma delas me marcou profundamente: eu me vi na orla de Porto Seguro, distribuindo panfletos a jovens e adultos. Embora não entendesse completamente o que tudo isso significava, continuei firme no propósito, aguardando o que o Senhor queria de mim nesse lugar.

Dias depois, recebi um convite inesperado que mudaria o curso da minha jornada. A pastora Nathalya Maciel, uma mulher de Deus, com uma visão clara, convidou-me para ser líder da Clínica da Alma de Porto Seguro — um projeto gerado por Deus na vida dela. Ao ouvir essa proposta, meu coração se encheu de alegria e gratidão. Eu percebi que aquilo era uma confirmação do que Deus havia me mostrado.

Assim como o Senhor me revelou, comecei a fazer divulgações e distribuir panfletos e cartazes. Cada um que entregava, parecia uma extensão da minha fé e da minha obediência. Em Mateus 5:14, a Bíblia nos diz: "Vós sois a luz do mundo. Não se pode esconder a cidade edificada sobre um monte". Eu queria ser essa luz, trazendo esperança e amor a todos que cruzassem meu caminho.

A cada dia, enquanto trabalhava nesse projeto, percebia que Deus estava me preparando para algo ainda maior. Consegui tocar a vida de muitos que estavam passando por dificuldades emocionais e espirituais. Em Isaías 61:1, encontramos a promessa: "O Espírito do Senhor Deus está sobre mim, porque o Senhor me ungiu para pregar boas-novas aos pobres, enviou-me a curar os quebrantados de coração, a proclamar libertação aos cativos e a pôr em liberdade os algemados". Essa passagem se tornava uma realidade em minha vida, e eu sentia que estava cumprindo uma missão.

Distribuir panfletos não era apenas uma tarefa; era uma forma de evangelização e de compartilhar o amor de Cristo. Cada conversa, sorriso e olhar que recebia me motivava ainda mais. Eu estava ali, não apenas como líder, mas como uma serva do Senhor, disposta a ser usada para a Sua glória.

Na orla, enquanto distribuía os panfletos, pessoas se aproximavam curiosas sobre o que a Clínica da Alma poderia oferecer. Em Romanos 10:14, está escrito: "Como, pois, invocarão aquele em quem não creram? E como crerão naquele de quem nada ouviram? E como ouvirão, se não há quem pregue?". Essas palavras ressoavam em meu coração, lembrando-me da importância de compartilhar a mensagem de salvação.

Com o passar do tempo, percebi que cada passo dado, panfleto distribuído e atitude tomada eram parte de um plano maior que Deus havia traçado. Ele estava me guiando, e eu estava aprendendo a confiar nEle em cada detalhe da minha jornada. Porto Seguro não era apenas um novo lar; era o início de um capítulo repleto de promessas e bençóes, no qual minha fé e obediência se tornariam instrumentos de transformação para muitos.

O chamado para ministrar

Sentia que Deus continuaria me encaminhando para novas obras, e assim foi acontecendo. A cada dia, eu recebia convites para ministrar nas igrejas dessa linda cidade. Era como se, a cada passo, Deus estivesse abrindo portas e me convidando a compartilhar a mensagem de amor e esperança que havia transformado a minha vida.

Ministrar em diferentes igrejas me trouxe uma alegria indescritível. A cada convite, uma oportunidade de tocar corações e compartilhar a luz que

Deus havia colocado em mim. Em 1 Pedro 4:10, a Palavra nos ensina: "Cada um administre aos outros o dom que recebeu, como bons despenseiros da multiforme graça de Deus". Eu sabia que estava usando os dons que Ele me concedeu para servir.

E, assim, foi gerado o ministério Mulheres sólidas em Cristo, do qual sou a idealizadora. Deus confiou a mim essa missão de fortalecer e empoderar mulheres na fé.

Por meio dessas experiências, meu coração se encheu de gratidão. A certeza de que Deus estava comigo e que, a cada passo, me dava forças. Essa verdade se tornava cada vez mais real em minha vida.

Por fim, cada ministério, culto e oração eram parte de um grande plano que Deus estava desenhando. Ele estava me moldando e preparando para algo ainda maior. E, com o coração cheio de fé, continuo a seguir o caminho que Ele tem traçado para mim, sabendo que as melhores obras ainda estão por vir.

E você, está preparado para viver o sobrenatural de Deus? Deixe Deus usar você.

"E não vos conformeis com este mundo, mas transformai-vos pela renovação do vosso entendimento, para que experimenteis qual seja a boa, agradável e perfeita vontade de Deus" (Rm 12:2).

BIBLIOGRAFIA

BÍBLIA SAGRADA. Almeida Revista e Atualizada (ARA). Barueri: Sociedade Bíblica do Brasil, 2021.

BÍBLIA SAGRADA. Almeida Revista e Corrigida (ARC). Barueri: Sociedade Bíblica do Brasil, 2018.

BÍBLIA SAGRADA. Nova Almeida Atualizada (NAA). Barueri: Sociedade Bíblica do Brasil, 2018.

“Da dor renasce a luz, e um novo destino em Deus se revela. Confie e siga; você chegará à promessa.”

Pra. Nanda Martins

Natalia Nakamura

Nascida em Formosa/GO, minha vida foi marcada por constantes mudanças, atravessando diferentes estados brasileiros — Goiás, Minas Gerais e Mato Grosso —, e até mesmo internacionais, como o Japão, onde minha família ainda reside. Hoje, moro em Brasília/DF.

Sou formada em Biomedicina, com especialização em Auditoria em Saúde e Estética Avançada. Minha trajetória profissional me levou ao empreendedorismo na área de Marketing de Rede, enquanto a arte em resina se tornou um hobby que me inspira.

Com gratidão, compartilho neste capítulo o testemunho mais transformador da minha vida: a construção do meu relacionamento com Deus.

Que cada palavra aqui escrita seja um sopro de fé e inspiração para que você confie nos planos do Senhor e viva com propósito.

natalianakamuraa

nataliacnakamura@gmail.com

Conexão DESTINO

DO VAZIO À PLENITUDE

14

Natalia Nakamura

Quando recebi o convite da pastora Débora para escrever este capítulo, veio a mim uma palavra poderosa: "O tempo dos bastidores acabou. Chegou a hora de colocar sua voz no mundo. Você é uma protagonista!". Naquele momento, tudo dentro de mim gritou: "Isso é impossível!". Inicialmente, tive a intenção de não aceitar, mas Deus, de diversas formas, confirmou que esse compromisso fazia parte do Seu plano para mim. Então, obedeci.

Sempre me considerei uma pessoa de fé, mas minha relação com Deus era superficial, distante de uma verdadeira intimidade. Minha identidade era frágil, construída sobre crenças limitantes, inseguranças e uma constante sensação de insuficiência. Sentia que nunca estava pronta; faltava sempre um curso, um detalhe, algo que eu acreditava ser essencial para finalmente me sentir preparada.

Morava com meu marido, Thiago, em Cuiabá/MT, onde administrava um consultório de estética em uma das principais avenidas da cidade. Devido ao trabalho dele, passávamos dias separados pelas viagens frequentes que precisava fazer. Foi então que, em abril de 2023, decidimos nos mudar para Brasília/DF, em busca de facilitar a nossa rotina.

Cheguei à nova cidade empolgada e sem olhar para trás. Nunca fui apegada a lugares, talvez por conta das inúmeras mudanças que vivi ao lado dos meus pais. Em Brasília, estabelecemos um novo lar em um *flat* com vista para o lago Paranoá. Nossa condição financeira nos permitia, com planejamento, realizar viagens para os destinos que sempre sonhamos conhecer. Assumi a área financeira da empresa, com liberdade para trabalhar de casa ou ir ao escritório. Aos olhos de muitos, parecia a vida dos sonhos. Mas, internamente, algo ainda estava fora do lugar.

O vazio e a crise de identidade

A sensação de vazio começou a crescer dentro de mim. Apesar de todas as bênçãos ao meu redor, eu não conseguia encontrar realização. Inicialmente, atribuí isso a uma fase de adaptação, mas a insatisfação persistiu. Sentia-me perdida, sem identidade, sem propósito. Passei a me comparar com outras pessoas e a acreditar que todos estavam evoluindo, enquanto eu permanecia estagnada.

O espírito de medo e insegurança tenta nos manter escravas quando decidimos viver algo novo. Porém, eu sabia que não podia me render. O apoio do Thiago foi fundamental nesse momento. Ele foi mais do que um companheiro; foi um pilar de força, paciência e amor incondicional. Nos momentos em que me sentia perdida e insegura, ele me lembrava quem eu era e da minha importância, reforçando minha identidade quando eu mesma não conseguia enxergá-la. Ter ao meu lado alguém que compartilha valores e que me encoraja a crescer fez toda a diferença.

Estar com a pessoa certa, especialmente nos momentos de provação, é um presente de Deus que fortalece nossa jornada. Ele sempre reiterava que eu era livre para buscar aquilo que me fizesse feliz, seja na minha área de formação, na empresa ou em qualquer outro caminho. Apesar disso, eu me via como alguém que pouco contribuía, alimentando uma visão distorcida de mim mesma.

Decidi que não permitiria que essa situação me dominasse. Recusei-me a adoecer ou me vitimizar e comecei a buscar alternativas. Investi em cursos e livros de autoconhecimento. Foi nesse período que um sonho marcou o início de uma nova jornada. Nele, ouvia repetidamente o nome Jeremias. Intrigada, resolvi buscar respostas de forma diferente. Comecei a ler a Bíblia, mesmo sem entender muito, e a me dedicar diariamente ao devocional. Foi assim que aprendi a orar com intenção genuína de sentir a presença de Deus.

O processo de cura e restauração

A partir daquele momento, algo mudou dentro de mim. Desenvolvi sede e fome pela Palavra, e minha relação com Jesus começou a ser construída. No secreto, fui confrontada com minhas fraquezas e curada de feridas que eu nem sabia que carregava. Muitas vezes, questionava se a "voz" que ouvia era realmente de Deus ou fruto da minha imaginação.

Ao buscar novas conexões e me aproximar de pessoas que compartilhavam da fé que eu desejava aprofundar, percebi o quanto o processo de restauração era necessário.

Com a intenção de ajudar uma amiga que enfrentava problemas pessoais, convidei-a para um evento cristão em Cuiabá. Comprei ingressos, camisetas e planejei tudo para que não houvesse desistência. Queria lhe proporcionar um ambiente de renovação e fortalecimento, acreditando que aquele final de semana poderia ser transformador para ela.

No entanto, foi ali que Deus me mostrou o quanto eu precisava estar naquele lugar. Enquanto eu imaginava que estava ajudando alguém, Ele me alcançou de uma forma poderosa. Aprendi que, embora possamos ser instrumentos para inspirar e apoiar, apenas o Espírito Santo tem o poder de salvar e transformar vidas.

Em novembro daquele ano, participei de outro evento, desta vez sozinha. Ali, vivi uma experiência extraordinária. Durante uma oração, Deus confirmou que as vozes que eu ouvia no secreto eram dEle. Esse foi o dia em que aceitei Jesus como meu único e suficiente Salvador.

A nova estação

Comecei a viver a fase do "primeiro amor". Buscava silenciar os ruídos da minha mente para aprender a discernir a voz de Deus e a entender que Ele derrama Suas bênçãos conforme nossa capacidade de recebê-las. Sentia paz e alegria em me dedicar ao meu lar, que se tornou meu principal ministério.

Com o coração aberto, fui reposicionada para uma nova estação. Deus nos esconde e nos expõe conforme Seus desígnios. Entendi que não se trata de uma tarefa confortável, mas de renúncia, fé e disposição. Essa experiência me moldou, por isso, escolho ser intencional em tudo o que faço, buscando conexões e lugares que me aproximem do Senhor.

Hoje, compreendo a razão de todas as mudanças: de cidade, de mesas, de trabalho... Tudo passou a fazer sentido. Minha fé e meu relacionamento com o Pai foram transformados. Meu casamento se fortaleceu ainda mais, meu lar criou raízes e, agora, sei que posso ser e fazer qualquer coisa, desde que não confie apenas nas minhas próprias forças.

Foi assim que, em meio a orações e buscas, fui apresentada a uma oportunidade completamente diferente de tudo o que já havia vivido. Tornei-me sócia independente de uma multinacional de viagens por assinatura, assumindo o papel de líder de expansão. Hoje, estou estruturando a minha equipe e compartilho minha fé com aqueles que cruzam meu caminho.

A jornada é longa, mas já vejo e celebro cada progresso. Estou desenvolvendo a minha liderança e comunicação, me libertando da timidez; saindo do casulo que sempre foi confortável para mim. Participo de grupos de empreendedoras em que mulheres se apoiam e vibram pelo sucesso umas das outras. Além disso, recebi convite para apresentação em evento — algo que jamais imaginei.

Sob a perspectiva de quem nos ama

Quando estamos fragilizados por nossas inseguranças, é natural duvidarmos do nosso valor. Palavras de encorajamento podem soar como frases prontas, mas quando ditas com amor verdadeiro, carregam um peso transformador. Eu experimentei isso da forma mais pura e sincera, por meio de alguém que escolheu me amar e enxergar em mim algo que, por muito tempo, eu mesma não conseguia ver.

Passamos a vida buscando um propósito, sem perceber que ele pode estar nos detalhes mais simples: na forma como influenciamos aqueles que nos cercam, nos laços que cultivamos, na maneira como aprendemos e nos permitimos recomeçar. Durante muito tempo, enxerguei minhas transições profissionais como tentativas frustradas, mas quando me permiti olhar com outros olhos, entendi que cada mudança foi uma oportunidade que Deus me deu para explorar possibilidades, crescer e, acima de tudo, descobrir onde encontraria o sentido que tanto procurava.

Foi um exercício profundo de confiança e entrega, mas o que faltava era enxergar a mim mesma por meio dos olhos de quem me ama. Sob a perspectiva do meu marido, eu não era alguém perdida em busca de um propósito. Eu já era a resposta de Deus para a vida dele, no tempo e na medida ideal. Em suas palavras, eu trouxe transformação, ensinando-o a acreditar que é possível amar e ser amado, apoiar e ser apoiado. Pela primeira vez, ele viveu a verdadeira cumplicidade.

Isso me fez perceber que, enquanto eu buscava desesperadamente meu papel no mundo, eu já ocupava um lugar essencial na vida de alguém. Às vezes, nossa importância não está apenas no que realizamos, mas também no que representamos para aqueles que caminham ao nosso lado. E se eu sou importante o suficiente para gerar profunda transformação na vida de alguém, por que duvidaria do meu próprio valor?

Um convite à reflexão

Se você chegou até aqui, quero expressar minha gratidão. Sei que cada página de um livro carrega mais do que palavras; traz experiências, processos, dores e vitórias. O que compartilhei aqui não é um ponto-final, mas um capítulo em constante escrita, porque a jornada com Deus é assim: contínua, profunda e repleta de recomeços.

Minha oração é para que você abrace cada etapa do seu próprio processo, sem medo dos recomeços. Se Deus está conduzindo sua história, então cada detalhe — por menor que pareça — faz parte de um plano maior e perfeito.

E se em algum momento você se sentir despreparada ou incapaz, lembre-se: o que parece um obstáculo, pode ser, na verdade, a oportunidade que o Pai está lhe dando para escrever um novo capítulo no livro da vida. Confie, avance e se permita ser protagonista da história que Deus está desenhando para você.

"Porque sou eu que conheço os planos que tenho para vocês', diz o Senhor, 'planos de fazê-los prosperar e não de lhes causar dano, planos de dar a vocês esperança e um futuro" (Jr 29:11).

BIBLIOGRAFIA

BÍBLIA SAGRADA. Nova Versão Internacional (NVI). Rio de Janeiro: Thomas Nelson Brasil, 2021.

“Se Deus está conduzindo a sua história, então cada detalhe – por menor que pareça – faz parte de um plano maior e perfeito.”

Natalia Nakamura

Natalie Marinho

Quero agradecer primeiro ao meu Salvador Jesus Cristo que nunca desistiu de mim.

Este capítulo fala sobre restauração. E aqui apresento meu testemunho.

Eu me chamo Natalie Marinho, tenho 38 anos e sou natural de Resende/RJ. Sou filha de Rosana e Marcos Aurélio, casada com Júnior Marinho e mãe de Enzo, Aylla e Elloá. Eu e meu esposo somos missionários e servimos na igreja Assembleia dos Santos, pastoreada pelo pastor Davi Freitas e pela pastora Seleidi.

Sou funcionária pública, teóloga em formação, pregadora e mentora de mulheres. Tenho há alguns anos um grupo chamado Clube de Leitura — Mulheres com Propósito.

Mesmo vivendo em meio a tantas atividades e realizando múltiplas tarefas, eu escolhi a melhor parte: viver aos pés do meu Rei

nataliemarinho01

+55 (24) 99852-5058

nataliemarinho01@gmail.com

SUA HISTÓRIA CONTINUA: AINDA HÁ ESPERANÇA

15

Natalie Marinho

Conheci Jesus aos 12 anos de idade. Sempre fui de poucos amigos; era uma adolescente cheia de complexos e um vazio enorme em minha alma. Minha mãe foi convidada para ir a um culto e, quando eu ouvi falar de Jesus, fui atraída por Seu amor, levantei minhas mãos e fui em frente. Naquele momento, nascia dentro de mim o primeiro amor.

Na minha infância, eu já amava ler quadrinhos e outras literaturas. Então, me apaixonei pela Bíblia e comecei a buscar conhecimento sobre quem era Deus, mas não fui orientada em como fazê-lo. Assim, achei que poderia conhecê-Lo sozinha. Não compreendia o que lia e não entendia nada sobre ter uma vida de oração. Hoje, sei o quanto precisamos da ajuda do Espírito Santo, pois Ele nos dá sabedoria para que compreendamos a boa, agradável e perfeita vontade de Deus.

Aqui eu deixo um conselho aos pais: ensinem seus filhos no caminho; não apenas aponte o caminho, mas ande junto com eles (Pv 22:6). E aos líderes da igreja, eu digo com propriedade: sejam discipuladores, verdadeiros pais espirituais, ensinando-os a obedecer a Jesus (Mt 28:19-20). Como é importante acompanhar de perto uma vida e cuidar dela.

À medida que crescia, fiz novas amizades, mas esses amigos não professavam a mesma fé que eu. Então, fui me afastando cada vez mais do meu verdadeiro Amigo. Andei confusa por um tempo, frequentei algumas igrejas, fiz escolhas sem a direção de Deus e tomei decisões ruins que, mais tarde, trariam diversas consequências. Desiludida de minha vida amorosa, já não acreditava no amor. Assim, segui minha vida, mas o vazio ainda existia em mim.

Depois de um tempo, comecei a frequentar uma igreja. Passei no concurso público da minha cidade, me casei, me tornei dona de casa e mãe. Eu e meu esposo chegamos a viajar juntos em algumas missões pelo Brasil; eu pregava a Palavra e meu esposo ministrava louvores. Parecia tudo perfeito. Trabalhávamos na obra de Deus com dedicação, mas um cansaço mental e espiritual tomava conta de mim.

Eu era uma religiosa exemplar. Cumpria meus deveres com a igreja e em obras sociais, mas era especialista em julgar as pessoas diferentes de mim ou que não proferiam a mesma fé. Eu dizia: "Jamais serei assim, jamais farei como essa pessoa". Mas a palavra de Deus diz: "Assim, aquele que julga estar firme, cuide-se para que não caia!" (1 Co 10:12).

Minha vida parecia estar estagnada, não saindo do lugar, me trazendo assim uma enorme frustração. Vieram lutas e perseguições, então percebi que minha casa estava construída na areia — não firme na Rocha (Mt 7:27-28) — e eu caí. Não foi de uma hora para outra; já não me restavam forças para resistir. Meu esposo também enfrentava suas lutas e já não frequentávamos à igreja como antigamente. A Bíblia diz: "E não deixemos de nos reunir como igreja, segundo o costume de alguns, mas procuremos encorajar uns aos outros, sobretudo agora que vocês veem aproximar-se o Dia" (Hb 10:25). Já não orava mais e a leitura da Bíblia era cada vez mais esporádica.

Entenda, quando o lugar secreto é negligenciado, quando paramos de buscar intimidade com Deus, ficamos fracos, pois sem Ele não podemos fazer nada (Rm 11:36). Temos uma luta diária dentro de nós — entre a carne e o espírito: "Pois a carne deseja o que é contra o Espírito; o Espírito, o que é contra a carne. Eles estão em conflito um com o outro, de modo que vocês não fazem o que desejam" (Gl 5:17).

Ficamos afastados da igreja um pouco mais de um ano. Voltamos com as velhas amizades. Lembra das pessoas de quem eu falava? De como eu julgava os que se afastaram de Deus? Pois é, acabei me sentando em suas mesas, comendo e bebendo com elas. Mas tudo isso que aconteceu me ensinou a ter um olhar de compaixão e misericórdia. Quantas almas perdidas que não tinham forças para retornar para a casa do Pai. Quantos filhos pródigos chorando, no meio do chiqueiro, com suas vestes sujas e sem esperança – e eu estava lá.

Sei que havia pessoas orando por nós – uma delas era minha mãe. Mas era difícil ouvir de alguém uma palavra de conforto. Parecia que tinham medo de se aproximar de nós. Porém, uma noite tudo mudou. Eu estava muito angustiada e o vazio dentro do meu peito só aumentava; não aguentava mais ficar longe do meu Pai. Estava mexendo no celular, já em casa, e passei por uma chamada de entrevista, um podcast do JesusCopy (dirigido por Douglas Gonçalves) com a Missionária Ariadna Oliveira, do projeto Ásia em Foco — Povos não alcançados, falando sobre o amor de Deus e sobre sua misericórdia. Então, comecei a orar naquela madrugada e a chorar muito. Pedi perdão ao Senhor por meus pecados, dizendo que eu não suportava mais ficar longe dEle, mas que faltavam forças em mim.

"Se confessarmos os nossos pecados, ele é fiel e justo para perdoar os nossos pecados e nos purificar de toda injustiça" (1 Jo 1:9).

No outro dia, procurei uma igreja e comecei a buscar por mim e minha família. Não foi fácil, cada dia negando a mim mesma, minhas vontades e vencendo as tentações, com Jesus ao meu lado. Ele me encheu com seu Espírito, me vestiu com roupas novas e me transbordou de esperança (Lc 15:11-32). Não existe felicidade longe de Jesus. Busquei em oração pelo meu marido e, graças a Deus, ele também voltou para os caminhos do Senhor. E hoje, juntamente com nossas filhas Aylla e Elloá, servimos e adoramos a Deus em uma igreja comprometida com a Palavra. Temos pastores sérios e amorosos, que amam a Deus e sua obra. Conforme a Bíblia nos ensina: "[...] onde aumentou o pecado transbordou a graça" (Rm 5:20). Meu filho mais velho, Enzo, está afastado da casa do Pai, mas sigo orando e buscando por sua vida. Não é fácil; nem Jesus disse que seria. Mas Cristo é a minha força e sei que Ele está no controle de tudo. Ele me resgatou e eu creio que meus filhos pertencem ao Senhor.

"Os filhos do seu ventre serão abençoados [...]" (Dt 28:4).

"Os filhos são herança do Senhor, uma recompensa que ele dá" (Sl 127:3).

Mães, lutem por seus filhos. Avós, lutem por seus netos. Mulher de Deus, lute por sua família, pois: "Se alguém não cuida de seus parentes, e especialmente dos de sua própria família, negou a fé e é pior que um descrente" (1 Tm 5:8). Cuidado! Estamos em uma constante guerra. Nossa luta não é contra pessoas, temos que estar revestidas de toda armadura de Deus (Ef 6). Sempre prontos para dizer qual a razão da nossa fé: "Estejam sempre preparados para responder a qualquer pessoa que pedir a razão da esperança que há em vocês" (1 Pe 3:15).

Busque a Deus sempre, mesmo que alguns dias você não tenha vontade. Você foi comprada por preço de sangue, o sangue de Jesus. Não seja guiada pelos seus sentimentos, lembre-se: "Enganoso é o coração, mais do que todas as coisas, e desesperadamente corrupto; quem o conhecerá?" (Jr 17:9).

Portanto, quero, neste momento, apresentar alguns pontos que me ajudaram bastante e têm me tornado cada vez mais forte em Deus:

- Estude as Escrituras — "Até a minha chegada, dedique-se à leitura pública da Escritura, à exortação e ao ensino" (1 Tm 4:13).
- Jejue conforme a Bíblia nos ensina — "'Agora, porém', declara o Senhor, 'voltem-se para mim de todo o coração, com jejum, lamento e pranto'" (J 2:12).
- Ore — "Orem no Espírito em todas as ocasiões, com toda oração e súplica; tendo isso em mente, estejam atentos e perseverem na oração por todos os santos" (Ef 6:18); "Orem continuamente" (1 Ts 5:17).
- Vigie — "Vigiem e orem para que não caiam em tentação. O espírito está pronto, mas a carne é fraca" (Mt 26:41); "Estejam alertas e vigiem. O Diabo, o inimigo de vocês, anda ao redor como leão, rugindo e procurando a quem possa devorar" (1 Pe 5:8).

Eu aprendi que não basta apenas trabalhar para Deus, temos que conhecê-Lo: "Então conheçamos e prossigamos em conhecer ao Senhor" (Os 6:3). O Reverendo Hernandes Dias Lopes diz que "Vida com Deus precede trabalho para Deus". Hoje tenho um grupo de mulheres que veio justamente para me ensinar sobre compaixão e trabalhar no Reino de Deus. Oramos umas pelas outras, lemos a Palavra, aprendemos a jejuar e a fazer a vontade de Deus para nossas vidas. Choramos e nos alegramos juntas. Mulheres de todo lugar do Brasil e do mundo.

Tenha amigos comprometidos com Deus — isso fará toda diferença. Foi por meio de uma amiga chamada Patrícia que Deus foi restaurando meu coração e minha comunhão. Orávamos juntas e queríamos fazer mais por outras pessoas, como ajudar mulheres a sentirem o amor de Jesus por elas.

"Jesus lhes disse: 'Não são os que têm saúde que precisam de médico, mas sim os doentes. Eu não vim para chamar justos, mas pecadores'" (Mc 2:17).

"O meu mandamento é este: Amem-se uns aos outros como eu os amei" (Jo 15:12).

Deus nos amou e nos perdoou por meio do nosso Senhor Jesus, portanto devemos amar também a Deus e ao próximo, exercendo misericórdia e amor.

Olhe para a história de Davi, em 2 Samuel 11. Mesmo sendo um rei ungido, não vigiou e caiu em adultério com a mulher de um dos seus soldados.

Ela engravidou e, para encobrir seu erro, Davi o mandou à frente da batalha para morrer. Mas quando foi confrontado pelo profeta Natã — pois seu erro não poderia ficar encoberto —, Davi se arrependeu, voltou-se para Deus com lágrimas e Deus o perdoou. Vieram as consequências: seu filho com Batseba nasceu, mas não sobreviveu. Mas a história não acabou ali. Aleluia! Outra vez ele coabitou com sua — agora — esposa, e Deus fez com que ela gerasse uma criança. E essa criança que nasceu de seu ventre, foi o sucessor de Davi no trono. Seu nome era Salomão (2 Sm 12:24).

"Sejam misericordiosos, assim como o Pai de vocês é misericordioso" (Lc 6:36).

Mas e você, que está lendo este livro, já viveu uma história ruim? Está querendo desistir? Anda frustrada e desanimada? Saiba que enquanto há vida, há esperança (Ec 9:4). E, segundo a Palavra de Deus, essa esperança está em Cristo, que nos promete vida eterna e renovação diária das misericórdias de Deus.

Não desista de você e não desista de sua família! Cuide-se e cuide de pessoas. Ame-se e ame pessoas, ame até mesmo os seus inimigos, ore por eles (Mt 5:43-44). Mesmo que você esteja no fundo do poço, a luz brilhará na escuridão. Essa luz é Jesus — a Luz do mundo (Jo 8:12).

BIBLIOGRAFIA

LOPES, H. D. Deserto: a escola superior do Espírito Santo. Disponível em: https://www.hernandesdiaslopes.com.br/deserto-a-escola-superior-do-espirito-santo. Acesso em: 21 mar. 2025.

“Deus vai fazer você gerar algo maior do que aquilo que perdeu por causa do pecado.”

Natalie Marinho

Nfinda Teta João

Sou Nfinda Teta João, natural de Luanda, Angola, e, atualmente, resido nos Estados Unidos. Sou casada há quinze anos com Zolana João e temos uma linda filha.

Formei-me em Comunicação Internacional. Sou escritora, pastora, compositora, ministra de louvor e adoração e empresária. Lancei cinco hinos que estão disponíveis em plataformas digitais, como Spotify, Deezer e Apple Music.

Além das minhas contribuições religiosas, tenho certificações em Comunicação Integrada de Marketing, Comunicação e Imagem Empresarial e Ciência Empresarial Aplicada, com foco em Marketing Digital. Minha fé é uma parte fundamental da minha identidade, refletindo-se na minha música e escrita, por meio das quais expresso meu amor e gratidão a Deus.

pastoranfindajoao1

pastoranfindajoao

nfindajoao@gmail.com

DE IMPROVÁVEL A INQUEBRÁVEL: CAMINHO DE MILAGRES

16

Nfinda Teta João

Desde os primeiros dias da minha vida, enfrentei batalhas que ameaçaram minha existência, moldadas pela insegurança e pelo medo. No entanto, ao entregar minha vida a Deus, percebi que Ele havia escrito uma história diferente para mim, transformando cada desafio em uma jornada de milagres. Acredite: o improvável pode se tornar inquebrável.

Sementes de insegurança e medo

Minha mãe relata que eu fui uma criança que ficava constantemente doente, com desmaios frequentes, e só comia se fosse obrigada. Ela também compartilhou que tinha sonhos terríveis, em que forças do mal tentavam ameaçá-la em relação à minha vida. Além disso, eu mesma sofria com pesadelos horríveis; havia noites em que não conseguia dormir, pois sentia presenças estranhas no quarto que me amedrontavam.

Crescer como filha de pais separados foi um desafio imenso. Lembro-me vividamente de quando eu tinha apenas 5 anos e meus pais discutiram intensamente para decidir quem ficaria comigo. Nenhum deles queria desistir de mim, e esse episódio me marcou profundamente. Apesar do amor que sentia deles, o conflito entre eles na época gerou em mim um sentimento de insegurança, medo e um grande vazio. Eu vivia em um ambiente de tensão, no qual a incerteza sobre o futuro se tornava uma companhia constante.

Cresci extremamente tímida e retraída. Mal conseguia me comunicar, o que resultou em pouco sucesso no ensino primário. Na escola, fazia de tudo para ser invisível. Quando a professora me chamava para responder a uma questão, eu congelava de pânico e medo de falhar, desejando que não olhassem para mim. Minha falta de autoafirmação se manifestou de várias maneiras.

Aos 14 anos, não tinha nenhum senso de orientação e não conseguia atravessar uma estrada sozinha. Sofri *bullying*, e, como se não fosse o suficiente, ouvia vozes que diziam: "Ela não é inteligente; não tem futuro. Será uma mulher perdida". Assim, eu acabei me tornando invisível e esquecida, perdendo a noção de minha própria identidade. Era sempre a última da fila, incapaz de expressar minhas opiniões; não sabia dizer "não" e vivia conforme a vontade dos outros. Havia me conformado a essa realidade, aceitando a dor e o vazio como partes integrantes da minha vida.

Um novo começo: da timidez à confiança

Mal sabia eu que Deus tinha uma história diferente para mim. Tudo mudou quando, aos 18 anos, fui enviada pelo meu pai para estudar na África do Sul. Aos 20 anos, entreguei a minha vida a Jesus e comecei a viver de acordo com o que Ele havia escrito para mim. Lembro que, quando subia ao altar para cantar, não conseguia olhar para as pessoas por timidez e fechava os olhos o tempo todo. A música sempre foi parte de mim; muitas vezes, Deus me dava canções em sonhos ou durante os cultos. Havia uma promessa de Deus sobre a minha vida em relação à música e, como Deus é fiel, finalmente, aos 40 anos, quando para muitos já não era possível por causa da idade, lancei minha primeira canção de adoração: "Incomparável Deus". Foram vinte anos para a concretização dessa promessa.

Mas, durante esse intervalo, Deus foi cuidando de mim, usando Seus servos para me treinar, capacitar e encorajar por meio do ensino da Sua palavra. Ele reverteu todos os planos do inimigo, deu-me sabedoria divina e transformou meu sonho de ingressar na universidade em realidade. Além disso, Ele me abençoou com um casamento e uma filha, fruto de Seu milagre. Sim, a caminhada não foi fácil, mas, em todo o caminho, Ele esteve comigo; assim como a Bíblia fala em Isaías 43:2: "Quando passares pelas águas, estarei contigo". Cada desafio se transformou em milagre, gerando lindos testemunhos, incluindo o nascimento da minha filha.

Milagres acontecem: a mão de Deus em ação

Desde os 23 anos, o inimigo lutou sem sucesso para arrancar meu útero. Após eu me casar, sofri dois abortos espontâneos. Quando estava na minha terceira gestação, com cinco meses de gravidez, pensamos em viajar para eu ter a minha filha fora do país. Para isso, era necessária uma consulta de rotina para receber o aval médico.

Durante essa consulta, a médica descobriu, em choque, que meu colo do útero estava aberto com dois centímetros de dilatação e que o pé da minha filha estava fora do colo do útero. Devido ao histórico de abortos, a médica não me deu esperança. Ela disse que era tarde para realizar uma cerclagem por risco de romper a bolsa de água e que não havia nada a ser feito medicamente, somente uma intervenção divina.

Fui enviada para casa, proibida de viajar. Passei três meses acamada no meu quarto, sem poder sair para nada além do banheiro, sendo levada, quando estritamente necessário, em uma cadeira de rodas. No entanto, o cuidado de Deus é maravilhoso; não apenas segurou a vida da minha filha no meu ventre, como também não me deixou experienciar nenhuma dor durante o processo. O favor de Deus era tão grande que tocou o coração da médica obstetra, que se prontificou a visitar minha casa uma vez por semana para consultar e acompanhar o desenvolvimento e bem-estar da bebê, sem custos.

Foram dias difíceis em que o espírito de medo lutava contra mim, tentando me fazer deprimir e desanimar. Mas um dia, para afirmar ainda mais que Deus estava comigo, Ele enviou Sua serva à minha casa com uma palavra que edificou minha fé, lançando fora todo medo. Ela disse: "Deus me mostrou a sua filha; ela vai nascer uma menina forte e linda, e terá olhos tão lindos que, quando as pessoas olharem para ela, irão admirar". Deus é tão fiel que cumpriu exatamente o que prometeu. Quando as pessoas visitavam a minha bebê, diziam que ela tinha olhos lindos. O nosso Deus é detalhista.

Eu não sei o que Deus lhe prometeu, mas, talvez, devido à espera ou às limitações humanas, você possa ter desanimado e perdido a fé em Sua palavra. No seu coração, pode surgir a dúvida: "Com essa idade avançada, conseguirei me formar, cantar, casar, ter filhos ou concretizar meus sonhos?". Tenho uma novidade para você: nosso Deus é especialista em causas impossíveis e não mudou. Ele sempre cumpre o que promete, e Seu tempo não é o mesmo que o nosso, pois Sua palavra não voltará para Ele vazia; antes prosperará e cumprirá o propósito para o qual Ele a enviou (Is 55:11), independentemente do tempo.

Nessa caminhada, Ele me deu a chance de presenciar suas maravilhas em minha vida e na vida de outras pessoas. Vi mulheres estéreis concebendo após mais de oito anos de espera, gagos de nascença curados instantaneamente, surdez curada instantaneamente, febres e dores em várias áreas do corpo desaparecendo. E sei que tem muito mais por vir, pois não há impossível para o nosso Deus, e eu creio que o seu milagre será o próximo, se você simplesmente acreditar.

Uma nova identidade: de filha do medo a filha do rei

Sim, o inimigo tentou me quebrar durante a infância e juventude, usando cada desafio como uma ferramenta para minar minha força e confiança. Assim como eu, você pode se perguntar: por que estou enfrentando tantos obstáculos? A resposta é simples, mas profunda: o inimigo não se preocupa com os mortos; ele foca nos vivos, porque sabe quem você é e quem pode se tornar em Deus. A luta dele é para frustrar os planos divinos para a sua vida, mas as tentativas são em vão. Jesus nos tornou inquebráveis por meio de Sua graça, não por nossas próprias forças. Ele pagou o preço por nós na cruz, levando sobre si as nossas dores (Is 53:4). Portanto, independentemente dos desafios que enfrentamos, somos fortalecidos por cada experiência, capazes de alcançar grandes alturas segundo a graça e os propósitos que Deus tem para nossas vidas.

Essa força transformadora me levou a um novo entendimento: Deus não apenas mudou a minha trajetória, mas também me fez Seu instrumento; uma ferramenta escolhida para propagar Seu amor e Sua verdade. Em cada passo dessa jornada, Ele me presenteou com um espírito de ousadia, permitindo que eu superasse o medo e a insegurança que, por tanto tempo, me limitaram. Ao revelar minha verdadeira identidade em Cristo Jesus, fui adotada como Sua filha, recebendo um lugar na Sua mesa de banquete — onde o esquecido é finalmente reconhecido e favorecido, os últimos se tornam primeiros e o improvável é dignificado e aprovado, mostrando que as limitações impostas pelo mundo não têm poder diante do favor e da graça que Deus oferece. Ao me assentar à Sua mesa na presença dos meus inimigos (Sl 23:5), sinto-me acolhida, protegida e amada; pronta para viver conforme Seu propósito e impactar a vida de outros com a mesma graça que recebi.

O grande Autor da nossa história: o escritor do nosso destino

Deus é o autor do roteiro das nossas vidas. Não importa o que o inimigo tente fazer contra você; sob a direção do Espírito Santo, tudo o que foi escrito por Deus se cumprirá. Sua condição atual não define seu futuro, mas sim suas escolhas. Mesmo que você se sinta perdido, lembre-se de que, para Jesus, você é a protagonista desta história, rodeada por uma grande nuvem de testemunhas. Corra com paciência a carreira que lhe é proposta (Hb 12:1), pois a transformação é possível. Cada lágrima e batalha contribuem para moldar quem você se tornará, pois Deus já escreveu uma história de superação e vitória para você.

Minha jornada do improvável ao inquebrável é um testemunho do amor e da fidelidade de Deus. Não importa como você se sente neste momento, não desista! Prepare-se para uma nova fase em que as promessas de Deus serão reveladas. Se deseja iniciar esta jornada de transformação e fé, chame por Ele agora: "Senhor, eu preciso de Ti. Venha ser meu Salvador. Eis-me aqui. Usa-me como vaso". Essa declaração pode abrir portas onde antes havia escuridão, restabelecendo a esperança, restaurando a fé e criando um futuro inquebrável.

BIBLIOGRAFIA

BÍBLIA SAGRADA. Almeida Revista e Corrigida. Versão de estudos Dake. Santo André: Atos, 1995.

"Na mesa do
banquete de Deus,
o esquecido se
torna favorecido,
o último se torna
o primeiro e o
improvável
é aprovado."

Nfinda Teta João

Nilda Soares

Sou Vanilde dos Santos Soares, mas prefiro ser chamada de Nilda Soares. Nasci em Firmino Alves/BA. Casada há 25 anos com Alberto Santos, sou mãe de três filhos: Bruno, Raissa e Pedro Lucas. Além de missionária, eu e meu esposo pastoreamos uma igreja do ministério Assembleia de Deus em Boiuna/RJ, do Pastor presidente Ozéas Cardoso.

Sou gari — com muito orgulho —, esteticista, estudante de Psicologia e Teologia. Além disso, sou idealizadora do projeto Na tua mesa tem cura e faço parte da liderança do projeto Mulheres Ousadas.

Dedico este novo ciclo em minha vida ao meu eterno Deus; a Ele, toda honra glória e louvor.

nilda.soares.583

Nilda Soares

Conexão DESTINO

UMA MULHER POSICIONADA INSPIRA OUTRAS MULHERES

17

Nilda Soares

Até os 18 anos, morei com meus pais em uma cidade no interior da Bahia. Tive uma infância tranquila com meus quatro irmãos e meus pais, Valdemir F. Soares (em memória) e Noeme S. Soares. Sou grata por terem me ensinado a lutar pelos meus ideais com honestidade e me orgulho da mulher que tenho me tornado. Tenho como inspiração minha querida "mainha", mulher guerreira, que, mesmo com suas limitações, foi exemplo de força e perseverança ao nunca desistir de conquistar sua tão sonhada casa própria. Em meio a tantas adversidades, ela teve que deixar, por um período, a família no interior da Bahia para ir em busca de seu objetivo.

Aos 18 anos, recebi o convite de minha querida tia, Valdenide Soares – mulher com a fé inabalável, que é uma inspiração para mim do que é viver o verdadeiro evangelho – para morar no Rio de Janeiro. E foi por meio das orações dela que conheci a Jesus.

"Ora o Senhor disse a Abrão: Sai-te da tua terra e da tua parentela e da casa do teu pai, para a terra que eu te mostrarei..." (Gn 12:1).

Com o passar dos anos, aceitei Jesus e iniciei a caminhada cristã. Tive um verdadeiro encontro com o Espírito Santo por meio de uma busca incessante por Ele. Nesse momento, passei por muitas experiências profundas em sua presença, como nunca havia experimentado.

"Mas o fruto do Espírito é amor, alegria, paz, paciência, amabilidade, bondade, fidelidade, mansidão e domínio próprio. Contra essas coisas não há lei" (Gl 5:22-23).

A partir daquele momento, meu desejo era apenas fazer a Sua vontade, compreender Seu amor e Sua Graça. Esse é um poder capacitador que nos fortalece a cada dia e nos ajuda a perseverar até o fim.

"Porque pela graça sois salvos, por meio da fé; e isso não vem de vós; é dom de Deus" (Ef 2:8).

Passei por períodos de muitas provações, como todo cristão. Já casada e com três filhos pequenos, enfrentamos muitas dificuldades financeiras, morando de aluguel e com meu esposo desempregado. Nessa época, me dediquei à maternidade e à obra de Deus, pois mesmo com as crianças, isso não era empecilho para cumprir o que fui chamada. Minha fé foi fortalecida nesse processo, pois foi um tempo de busca e entrega. Só nos restava confiar na provisão de Deus.

"Fui moço, e agora sou velho, mas nunca vi desamparado o justo, nem a sua semente a mendigar o pão" (Sl 37:25).

Foi um processo muito árduo, mas me fez criar raízes em Cristo. Mesmo em meio a humilhações, fui impulsionada a crer nas promessas. E Deus começou a cumprir a obra em minha vida com o trabalho de liderar mulheres. Não foi uma tarefa fácil, entretanto, adquiri experiências nesse projeto recompensador, no qual os resultados são transformadores. Toda mulher tem virtudes e dons que podem ser aperfeiçoados por meio da Palavra de Deus. Uma mulher que recorre a Deus é sábia e abençoada.

Deus nos surpreendeu com o cumprimento de mais uma promessa: a casa própria. No meio de uma turbulência, na qual era humanamente impossível realizar esse sonho, nunca desacreditei — mesmo diante do cenário em que estávamos vivendo.

"Agora, pois, minha filha, não tenhas receio; tudo quanto disseste eu te farei, pois toda a cidade do meu povo sabe que és mulher virtuosa" (Rt 3:11).

Após viver o milagre da casa própria, surgiu a dificuldade de locomoção para a igreja, pois a casa que Deus nos deu ficava distante da nossa congregação. Mas, mesmo com tantas adversidades para ir à igreja com três crianças, perseveramos naquilo que fomos chamados, nunca deixando a responsabilidade que nos foi confiada. Então, o nosso Deus, que é galardoador daqueles que o buscam, nos presenteou com um carro para facilitar a locomoção.

Após oito anos buscando a Deus por uma porta de emprego, decidi matricular meu filho mais novo em uma creche e fui convidada pela diretora para trabalhar lá. Deus, mais uma vez, foi fiel em minha vida. Tive o privilégio de trabalhar no mesmo ambiente em que meu filho estudava. Lá fui incentivada a prestar concursos públicos. Dentre esses concursos, fiz o de limpeza urbana da COMLURB. Os anos se passaram e eu já não tinha mais nenhuma expectativa de ser chamada, e, mais uma vez, Deus me surpreendeu quando fui chamada após quatro anos. Como eu costumo dizer: "Através de uma porta, Deus abre outras portas".

"Ora, àquele que é poderoso para fazer infinitamente mais do que tudo o que pedimos ou pensamos, segundo o poder que em nos opera [...]" (Ef 3:20).

Valeu a pena todo o tempo de espera, pois essa porta aberta não me impediu de continuar fazendo a obra de Deus, devido a flexibilidade de horário. Ainda cheia de sonhos e disposta a continuar a viver o novo de Deus, mais uma vez fui surpreendida. Eu tinha um sonho de viajar para o exterior que eu nunca havia compartilhado com ninguém. Certo dia, estava trabalhando em uma comunidade bastante conhecida aqui no Rio de Janeiro, um ponto turístico — Santa Marta —, e havia um representante de um canal de TV alemã. Fui entrevistada para um programa chamado Meu trabalho, seu trabalho, no qual, por meio de uma seleção, seriam escolhidos dois funcionários para viajar para lá com todas as despesas pagas. Então, passaram-se dois meses e, após um culto de domingo, Deus usou a esposa do meu pastor dirigente na época, Missionária Kátia Gouvêa, para me perguntar se eu estava de férias e se eu iria viajar, pois ela tinha visto uma mala de viagem ao meu lado. Naquela mesma semana, recebi uma ligação do meu gerente informando que fui selecionada. Não estava acreditando no que estava acontecendo; Deus realmente é um Deus de surpresas.

E foi tudo muito rápido na organização para a viagem; algo inacreditável. Ficamos em dois hotéis luxuosos, fomos recebidos com honrarias e confundidos com artistas. Parecia ser um sonho, mas foi um sonho real, uma experiência única: gravar um documentário para a TV alemã; algo bem distante da minha realidade. Patinar no gelo foi algo espetacular. Portanto, ouse sonhar. Não espere nada pequeno de um Deus tão grande. O Deus que nos faz sonhar é o mesmo que nos faz realizar.

"Louvai ao Senhor e invocai o seu nome; fazei conhecidas as suas obras entre os povos. Cantai-lhe salmos; falai de todas as suas maravilhas" (Sl 10:1-2).

Muitas vezes já cheguei a pensar que não seria capaz de escrever um livro e não teria um testemunho. Conforme fui escrevendo, vi o quanto sou uma mulher abençoada e o quanto Deus tem sido fiel em minha vida. O chamado requer renúncia, dedicação, determinação e convicção para o que fomos chamados. Quando tomamos a decisão de servir ao Senhor, seguindo Seu propósito, Ele nos direciona à Sua vontade. Um chamado na vida de uma mulher é o Espírito a chamando para sair de si mesma; é o amor irresistível de Cristo, que restaura a autoridade de sua voz, a qual Deus criou dentro dela, para que ela possa se tornar o que Ele deseja. O "chamar" significa que os sentimentos e os dons que estavam escondidos são, agora, chamados de lugares secretos para serem liberados para os propósitos de Deus.

"Pois nós também somos criação de Deus, criados em Cristo Jesus para praticar boas obras, as quais Deus preparou de antemão para nós a praticarmos" (Ef 2:10).

Deus nos convida a inspirar outras mulheres que precisam ouvir uma palavra ou de um ouvido para escutá-las, um abraço para acolhê-las e receber um: "Eu estou aqui. Conte comigo!". É nesse tempo que precisamos estar atentas para atuar por meio do dom que Deus nos concedeu, sendo uma mulher que levanta outras mulheres — mesmo nesses tempos em que as mulheres têm buscado independência, que adquiriram maior liberdade de escolha e que é possível se adaptar com maior facilidade por exercer um ou mais papéis na sociedade.

Em meio ao turbilhão da vida moderna, cada vez mais mulheres têm enfrentado desafios emocionais e mentais que afetam diretamente sua qualidade de vida e o seu bem-estar físico e psicológico. A saúde mental da mulher é uma questão importante e deve ser levada a sério.

De acordo com a Organização Mundial da Saúde (OMS), as mulheres têm mais chances de desenvolverem transtornos mentais, como ansiedade e depressão. E foi com experiência no ministério com mulheres que Deus colocou em meu coração a necessidade em cursar Psicologia — uma ferramenta importante, pois nos ajuda a entender o comportamento humano e a diferenciar questões emocionais de espirituais.

"Porque, quem conheceu a mente do Senhor, para que possa instruí-lo? Mas nós temos a mente de Cristo" (1 Co 2:16).

A nossa relação com Cristo muda nossa forma de pensar. Não podemos negligenciar os sinais que nosso corpo dá, indicando que algo não vai bem em nossa alma (onde estão guardadas nossas emoções, sentimentos e lembranças). É importante buscar ajuda de um profissional da área o mais breve possível, assim, evitando danos maiores que implicam na salvação.

"E não sede conformados com este mundo, mas sede transformados pela renovação da vossa mente, para que experimenteis qual seja a boa, agradável, e perfeita vontade de Deus" (Rm 12:2).

Muitas mulheres, por sua posição, não buscam ajuda para não se expor, perante a sociedade, a situações desconfortáveis. Mas é necessário romper com esses medos para alcançar a cura. A Bíblia relata a incrível história da mulher do fluxo de sangue: uma fé inabalável e uma transformação completa. Essa mulher inspira por sua fé incomum e uma resiliência extraordinária. Ela sofria há doze anos com uma hemorragia, buscando ajuda médica e gastando tudo o que tinha, mas sem obter cura. Imagine o quanto ela enfrentou de dor, frustação e desespero nesse período. No entanto, ela não desistiu. E isso nos encoraja a perseverar. Após a cura, ela não pode mais se ocultar e recebeu não somente a cura física, mas a restauração completa: corpo, alma e espírito. Pois Jesus disse a ela: "[...] Filha, a tua fé te salvou [...]" (Mc 5:34). Ela teve sua vida restaurada perante a sociedade e recebeu uma identidade em Cristo.

Minha gratidão à minha família pelo apoio constante.

Expresso a minha sincera gratidão à missionária Debora Almeida, pelo privilégio de participar deste projeto que é o cumprimento de mais uma promessa de Deus em minha vida.

BIBLIOGRAFIA

BÍBLIA SAGRADA. Almeida Revista e Corrigida (ARC). Barueri: Sociedade Bíblica do Brasil, 2018.

RODRIGUES, L. Saúde mental feminina em debate na Fiesp. In: *Blog do Sindicato das Indústrias Produtoras de Ferroligas do Estado de São Paulo*. Disponível em: https://www.fiesp.com.br/sinifesp/noticias/saude-mental-feminina-em-debate-na-fiesp/. Acesso em: 20 mar. 2025.

“A fé, somada à determinação e à ação, cooperou para o cumprimento das fiéis promessas do Senhor.”

Nilda Soares

Pra. Reijane Neiva

Sou Reijane Neiva, Dra. HC (*honoris causa*). Sou casada com o apóstolo doutor Davi Neiva e mãe de cinco filhos: Sammantha, Joseph, Hannah, David e, minha nora, Bianca. Também sou avó de Halmann, que me preenche de alegria e gratidão.

Sou bacharel em Teologia pela Faith Theological Seminary & Christian College, nos Estados Unidos, tendo concluído com distinção (*summa cum laude*). Tenho o privilégio de servir como pastora na Igreja Batista Tabernáculo de Deus, em Lauro de Freitas/BA, na qual, junto à minha família, trabalhamos no ministério com dedicação e amor. Também sou colunista da revista Mulher em Foco e, atualmente, estou cursando Direito pela UNIFACS.

Este livro compartilha histórias de mulheres que buscam viver com equilíbrio e propósito, e espero que ele inspire e motive cada leitor.

prareijaneneiva

prareijaneneiva

prareijaneneiva@gmail.com

t.me/prareijaneneiva

Conexão DESTINO

O DEUS QUE EU CONHEÇO

18

Pra. Reijane Neiva

O tempo de cantar chegou!
(Ct 2:12)

Sou filha de Lio Crente e Dona Nilza, a terceira de cinco filhas mulheres. Nasci e cresci em um lar cristão. Meus avós paternos foram membros fundadores da Assembleia de Deus na cidade onde nasci, no interior da Bahia.

Minha igreja de origem, a Assembleia de Deus tinha uma tradição que marcou minha vida: no final de cada ano, realizávamos um culto de gratidão a Deus. Nesse culto, as pessoas testemunhavam as vitórias e lutas vencidas, exaltando a fé e o poder de Deus. Confesso que, na minha juventude, sentia uma espécie de "inveja" daqueles que compartilhavam grandes milagres, porque achava que minha vida não tinha grandes histórias para contar. Eu não havia enfrentado crises profundas ou desafios intensos. No entanto, com o tempo, percebi que o milagre da minha vida estava justamente na estabilidade, na proteção de Deus e no cuidado constante que Ele sempre teve por mim.

Hoje, entendo que não é necessário esperar uma crise para perceber o agir de Deus. Cada história de fé é única e, hoje, posso ver que minha vida também é um milagre, resultado da fidelidade divina. Agradeço por cada momento vivido, cada bênção recebida e por estar aqui para compartilhar minha história com você.

Minha jornada de fé ganhou uma nova dimensão quando me casei com Davi, em 1995. Sabíamos que seu chamado ministerial nos levaria a lugares desconhecidos, e, assim, enquanto esperávamos o nascimento do nosso primeiro filho, Deus nos chamou para pastorear em Miami. Foi uma experiência que nos ensinou, de forma clara e concreta, como Deus sempre nos prepara antecipando nossas necessidades.

Em uma das viagens de férias ao Brasil, recebemos uma profecia sobre o nascimento do terceiro filho, mencionando que ele teria a unção de sacerdote, profeta e governante, além de vir com bênçãos materiais. Ao longo dos anos, essa profecia se repetiu algumas vezes.

A descoberta da gravidez veio para selar o decreto de um milagre na minha saúde. Na época, eu havia sido diagnosticada com lúpus eritematoso sistêmico. Mas não aceitei o diagnóstico. Davi orou por mim decretando a cura, que foi comprovada com a descoberta da gravidez.

Os dias que seguiram até o parto foram na mais perfeita paz. Ao chegar o dia do parto, os médicos observaram que os batimentos cardíacos do bebê estavam fracos e adotaram uma manobra para romper a bolsa do líquido amniótico. Então, o que parecia tranquilo, transformou-se em caos. Os médicos decidiram por uma cesárea de emergência.

Quando Davi soube das complicações no meu parto, convocou a igreja para orar por nós. Em pouco tempo, toda a congregação estava intercedendo no hospital. No meio dessa oração fervorosa, recebemos uma ligação do pastor João Carlos Marques, que, guiado por Deus, disse a Davi que haveria um "probleminha" no parto, mas que não seria fatal nem para mim, nem para o bebê, e que, em 21 dias, Deus esperava um culto de Ações de Graças. Davi repetia essas palavras para me tranquilizar, reforçando que Deus estava no controle da situação.

O bebê nasceu e após horas de tentativa de reanimação, informaram que ele não havia sobrevivido. Davi, com calma e confiança, pede aos médicos para vê-lo e faz uma oração ousada, cheia de fé: "Deus, sopra Teu 'ruah' no meu filho agora!". Nesse momento, o monitor começou a apitar e Joseph voltou à vida. Ele foi transferido para o Miami Children's Hospital, onde começou um tratamento de risco, sendo colocado em uma máquina ECMO, que substituía temporariamente os pulmões e o coração. Os médicos disseram que, até então, nenhum bebê havia sobrevivido ao ECMO, e as chances de Joseph eram mínimas. A cada pergunta que fazíamos, a resposta sempre começava com: "Only God knows" (Só Deus sabe). E, naquele momento, eles aguardavam a resposta do tratamento aplicado.

Davi foi olhar as mensagens na secretária eletrônica e havia uma mensagem gravada. Nessa mensagem, uma das nossas ovelhas na época disse que estava orando e que Deus havia lhe dito para nos dizer que "O tempo de cantar chegou" (Ct 2:12). Eu cheguei a pensar na ironia dos fatos: chegou o tempo de cantar, mas o que eu mais estava fazendo era chorar, por conta das dores físicas e emocionais que me sobrevieram de repente. No entanto, eu me lembrei de que eram passageiras; faltavam dezoito dias para agradecer. Os 21 dias do culto que Deus havia pedido já estavam sendo contados regressivamente.

Recebemos a visita de nosso amigo e vizinho, o pastor Paulo Santiago. Ele disse que havia tido uma visão que não havia entendido bem. Ele via o cérebro de Joseph como se estivesse protegido em uma camada densa e gelatinosa. Glorificamos a Deus por Seu cuidado sempre. Um dos riscos que o ECMO apresentava era que ocorresse hemorragia, e a mais grave seria uma hemorragia cerebral. Deus é sempre bom, Ele é fiel! Como está escrito em 1 Coríntios 10:13: "E Deus é fiel; Ele não permitirá que vocês sejam tentados além do que podem suportar. Mas, quando forem tentados, Ele mesmo providenciará um escape, para que o possam suportar".

Davi, em suas visitas diárias ao hospital, mantinha a fé firme e as visitas rápidas para não permitir que a situação contaminasse sua alma e abalasse sua fé. Ele orava e declarava as promessas de Deus sobre Joseph. Um dia, um casal de pastores amigos nos perguntaram: "E se... e se o menino não sobreviver?". Davi, com convicção, respondeu: "Se não sair como espero, continuo louvando e servindo a Deus. O culto de gratidão vai acontecer de qualquer jeito".

No dia do culto de gratidão, Joseph ainda não mostrava sinais de melhora e, apesar de me sentir febril, dolorida e emocionalmente abalada, fui ao culto sem contar a ninguém o que estava sentindo. Ao voltar para casa, com fortes dores, percebi que o corte da cesárea havia se rompido, por causa de uma infecção. Fui levada a um hospital, mas ninguém queria me tratar. Então, retornei para casa com a orientação de consultar meu médico no dia seguinte. A noite foi angustiante, mas me mantive firme na promessa de que "não era para a morte". Nos dias seguintes, enfrentei um longo processo de cicatrização, com cuidados diários em casa, até que, após quarenta dias de tratamento, a infecção foi vencida e a cicatrização se completou.

Depois do culto de Ações de Graças, nossas perguntas à equipe médica começaram a mudar. Não perguntávamos mais se estava havendo melhoras, passamos a questionar sobre o que precisava acontecer para que uma melhora começasse a se manifestar no quadro dele. O que precisava acontecer para que o tratamento fosse bem-sucedido?

Os médicos explicavam o que estava acontecendo, o que estavam ministrando de medicamento, o procedimento que iriam realizar e o que era esperado naquele momento. Então, com base nessas informações, orávamos para que ocorresse o que os médicos esperavam como sinal de que estava dando certo o tratamento.

Mais ou menos dez dias depois, Joseph começou a apresentar sinais de melhora. Aos poucos, víamos a vida do nosso filho se desabrochar. Os dias se resumiam a orações, jejuns, visitas ao hospital, cuidados com a família e a igreja. Até que, finalmente, uma boa notícia: Joseph seria liberado dos aparelhos e iria respirar sozinho. Louvado seja Deus! A alegria tomou conta de nossos corações. Já podíamos ver nosso filho em casa.

Acreditávamos que a alta hospitalar aconteceria no dia seguinte à retirada dos aparelhos, mas estávamos enganados. Os médicos nos informaram que agora começaria a segunda etapa: Joseph precisaria aprender a comer. Após quarenta dias de vida, ele ainda não havia estimulado nenhum músculo necessário para a alimentação. Não sabia como sugar — uma tarefa que, para muitos bebês, é simples, mas para ele, representava um enorme desafio. O processo de reabilitação alimentar, segundo os médicos, poderia levar de dez a onze meses de internação hospitalar.

No dia seguinte àquelas notícias difíceis, iniciou-se o processo de introdução ao leite materno. Davi foi sozinho nesse dia, viu a maneira que a fisioterapeuta estava fazendo e percebeu que algo estava errado. O método não parecia ser o mais adequado para Joseph; no seu coração, Davi sabia que poderia fazer melhor. Sem hesitar, ele fez um pedido ousado: "Permita-me alimentar meu filho. Eu quero fazer isso". Os médicos, a princípio, queriam recusar, alegando a experiência e o profissionalismo da fisioterapeuta. Mas perderam o argumento para a experiência e o vínculo paterno. Davi pegou Joseph no colo, fez uma oração breve e cheia de fé antes de dar a mamadeira: "Comer é dom de Deus. Coma, meu filho!".

O que os médicos calculavam que levaria de dez a onze meses para acontecer, se concretizou em apenas três dias. Joseph não só começou a se alimentar bem, mas também não se cansava ao tomar a mamadeira. Ele estava ficando mais forte a cada dia. Finalmente, ele foi liberado para casa e recebeu alta exatamente conforme a Palavra que recebemos, sem nenhuma sequela e nenhuma receita médica.

Um mês depois da alta, visitamos todos os especialistas que tinham sido recomendados para acompanhar o progresso de Joseph. O que encontramos foi mais uma confirmação da fidelidade de Deus. Os médicos estavam maravilhados com o estado de saúde de Joseph. Não havia mais sinais de qualquer tipo de complicação, e eles estavam surpresos com a recuperação tão rápida e completa.

Mais uma vez, a fidelidade de Deus estava diante de nós. Deus se revelou em cada detalhe dessa jornada, mostrando Seu cuidado e fidelidade a cada passo. Eu sei que Ele nunca falha e que Sua vontade se cumpre no tempo perfeito. A cada desafio, aprendi a confiar em Seu plano e em Sua soberania. Deus não é distante; Ele é o Pai que cuida, que guia, que age com perfeição. Hoje, sou grata por tudo o que Ele fez, faz e fará em minha vida. Submeter-me à Sua vontade é o maior privilégio que posso ter, porque sei que, por onde Ele me conduz, há paz, propósito e Seu amor incondicional, sustentando-me a cada dia.

BIBLIOGRAFIA

BÍBLIA SAGRADA. Nova Versão Internacional (NVI). Rio de Janeiro: Thomas Nelson Brasil, 2021.

“O Deus que conheço é Aquele que nunca falha. Ele ouve nossas orações e age como só Ele pode. O Senhor escreveu minha história e a fez preciosa.”

Pra. Reijane Neiva

Rosana Formiga

Sou Rosana Formiga, natural do Rio de Janeiro/RJ. Sou casada com Enock Formiga há 32 anos, mãe do Matheus e sogra de Stefani. Sou professora, empreendedora, teóloga e confeiteira e tenho muita gratidão a Deus por ter chegado até aqui.

"Eu te louvo porque me fizeste de modo especial e admirável. Tuas obras são maravilhosas! Disso tenho plena certeza" (Salmos 139:14).

rosanaformiga

Rosana Formiga

rosanaenock@gmail.com

Conexão DESTINO

CONFIAR EM DEUS EM TEMPO DE INCERTEZAS

19

Rosana Formiga

Deus faz o que não entendemos, mas o que precisamos para vivermos o propósito e sermos protagonistas da nossa própria história.

Vivi tempos difíceis com os problemas de saúde da minha mãe, que teve um AVC e, com isso, sequelas que sempre as fizeram ter crises de desmaios a ponto de termos que correr com ela para o hospital. Sempre era um sufoco, pois não tínhamos carro, nem condições de um tratamento adequado. Isso me fazia chorar e sofrer, mas fazíamos o que fosse possível para ela ficar bem. Eu me lembro que ela gostava de massagem nas costas e que eu penteasse os cabelos dela. Eu e meus irmãos sempre procurávamos fazer o que ela gostava.

Assim, o tempo foi passando e eu sempre orando, pedindo a Deus que curasse minha mãe. Mas as crises sempre se repetiram e minha oração então mudou. Pedia a Deus que não me deixasse estar junto de minha mãe no dia que Ele a chamasse de volta para casa, mas, mesmo assim, o Senhor quis que eu estivesse com ela. Foi muito difícil para mim. O médico, ao me ver chorar, me chamou e falou: "Você não pode chorar. Acompanhante não pode chorar. Acompanhante tem que ser forte. Engole o choro e segura na mão da sua mãe".

Não foi fácil naquele momento de tanta dor ouvir essas palavras tão duras e ver minha mãezinha morrer.

Foram anos questionando Deus porque eu tinha que passar por aquele momento. Eu realmente não entendia o porquê de eu estar com ela, até que um dia Deus me deu a resposta na Palavra: "Sobre a minha guarda estarei, e sobre a fortaleza me apresentarei, e vigiarei, para ver o que fala comigo e o que eu responderei, quando eu for arguido" (Hb 2:1). Ali eu entendi que a resposta de Deus viria no tempo certo e que eu tinha que estar com ela no seu último momento de vida; que eu fui a escolhida para estar ali segurando as mãos dela; que não era para ela estar sozinha naquele momento — porque, assim como eu orava para não estar ali, ela orava para não estar sozinha.

Depois de 33 anos que minha mãe faleceu e eu pensar que nunca mais passaria por uma dor e um momento tão difícil, Deus quis provar se eu tinha sido mesmo forjada por Ele, para passar por esses momentos que ninguém quer passar. No dia 26 de dezembro de 2024, enquanto eu ainda estava deitada — era umas 7 horas da manhã —, minha sobrinha me liga e fala: "Tia, vem me ajudar com minha mãe (minha irmã). Ela não está nada bem". Nós havíamos passado o Natal em família e ela não estava muito bem, mas fez questão de fazer as coisas de que nós gostávamos para a ceia, e nós também fizemos as coisas de que ela gostava — foi mesmo uma despedida.

Não pensava que era para morte, então orei ao Senhor e Ele me respondeu: "Prepare-se porque hoje vou recolher sua irmã". Eu pensei que fosse coisa da minha cabeça, pois relembrei de tudo o que vivi com minha mãe e pensei: "O Senhor não vai permitir que eu passe por isso tudo novamente". Então, fui com o coração apertado e, chegando lá, o quadro não era nada bom. Estávamos eu, minha sobrinha, meu irmão e meu cunhado. Minha sobrinha saiu porque não aguentou ver a mãe naquele estado, com muita dor e falta de ar. Meu irmão foi pegar o carro e ficamos eu e meu cunhado. No meu pensamento, eu sempre me perguntava: "Deus, outra vez? Não...". E Deus disse: "Eu lhe falei. Hoje vou recolher sua irmã e você vai ter que ser forte". E assim foi. Ela olhou para mim e falou com uma voz muito ofegante: "Arruma meu cabelo. Não quero ir assim para o hospital. Eu estou muito mal, Ro". Eu falei: "Calma, minha irmã!" — segurando-a na cadeira e fazendo massagem cardíaca. Ela apertou minhas mãos, me olhou e, depois, fechou os olhos. O socorro chegou, mas não teve jeito. Foi como Deus havia me falado: "Prepare-se porque hoje vou recolher sua irmã".

Não foi nada fácil passar por tudo de novo, mas eu entendi que ela também não queria estar sozinha naquele momento, porque ela sempre falava: "Eu não quero morrer sozinha, nem no hospital". E, mais uma vez, eu fui a escolhida para estar segurando as mãos dela. É assim. Nem sempre vamos passar só por momentos bons. Deus nos permite passar por esses momentos difíceis para aprendermos a dar mais valor à vida, à família, e para entendermos que, mesmo em tempos de incertezas, temos que confiar nEle.

Sou grata por Ele ter me dado forças para passar por esses momentos difíceis e ter me concedido o privilégio de viver dias incríveis com ela, como nosso último natal juntas e nossos cafés da tarde. Sempre estávamos perto uma da outra, mas, nos últimos meses, estávamos mais juntinhas. Mesmo tendo passado por esses momentos tão difíceis, sou grata a Deus por ter segurado a mão dela até o fim; por saber que não fui perfeita, mas que cumpri o que Deus determinou e pude entender mais uma vez que tudo que Deus faz é muito bom. Mesmo estando no vale, no tempo de incerteza, Ele cuida de nós e dos nossos de uma maneira muito especial. Muitas vezes não entendemos os Seus propósitos no momento em que estamos no deserto, mas, lá na frente, vamos entender.

A morte da minha mãe levou meu pai a Jesus e não o deixou morrer sem salvação. Tudo isso me reporta para o Salmos 23:4, que diz: "Ainda que eu andasse pelo vale da sombra da morte, não temeria mal algum, porque tu estás comigo; a tua vara e o teu cajado me consolam". Mais uma vez, aprendi que mesmo estando no vale, o Senhor estava comigo; que Ele nunca me deixaria passar por aquilo sozinha; que estaria segurando minhas mãos. Como é difícil enfrentar os desertos da vida, momentos de dores e dificuldades. Momentos esses que pensamos estar sozinhas e abandonadas. Mas saiba que o nosso Deus, esse mesmo que nos permite passarmos pelo vale, é o mesmo que nos honra, que cura as nossas maiores dores, realiza nossos maiores sonhos, nos leva a lugares altos em sua presença e nos faz realizar coisas incríveis.

Com esse Deus maravilhoso e protagonista da minha história de cura, eu aprendi que a vida não é fácil, mas que quando entregamos tudo para Deus, nossa caminhada fica mais leve. Assim, conseguimos encarar nossos problemas com mais facilidade e entender que tudo tem um propósito e que o cuidado de Deus é tremendo. Ele é o pastor que não me deixa passar pelo vale sozinha, que sempre me estende as mãos quando me sinto no fundo do poço, restaura minhas forças e me faz andar de cabeça erguida, por mais difícil que seja o processo. É Ele que me sustenta e faz tudo novo.

Mesmo sendo professora e teóloga, eu sempre gostei de cozinhar, fazer doces, bolos e outras coisas dentro do ramo da culinária. Um dia, resolvi fazer um curso de gastronomia para me aperfeiçoar, porque queria fazer bolos mais elaborados. Fiz o curso, aprendi a fazer os bolos e pensei:

"Agora vou abrir uma confeitaria ou uma escola de confeiteiros". Mas Deus me falou: "Eu quero que você trabalhe com projetos para ajudar mulheres que não têm condições de trabalhar fora de casa e ter uma renda. Então, eu disse: "Senhor! E a minha confeitaria? E a minha escola de confeiteiros?". Ele então me respondeu: "Eu já lhe disse. Vou levar você a lugares e você vai ensinar o que aprendeu". Assim, eu fui e obedeci.

Em agosto de 2024, viajei ao Maranhão para participar de um projeto missionário. Lá, apresentei uma oficina na qual pude ensinar às mulheres a fazer bolos, pipocas gourmet, biscoitos amanteigados etc. Foi maravilhoso. Além de ensinar, eu pude aprender muito. Ainda mantenho contato com algumas mulheres daquela cidade: dou receitas, tiro dúvidas, compro utensílios aqui no Rio de Janeiro e mando entregar lá. Foi minha primeira experiência dando aula de confeitaria e logo em outro estado. Nunca tinha viajado sem alguém da família. Senti aquele frio na barriga, mas minha vontade era tanta de viver o que Deus tinha para mim que logo passou. E Deus foi ajeitado tudo. Teve a carona amiga que ofereci para duas irmãs até o aeroporto e o encontro com pessoas de Deus que me abraçaram e me ajudaram. Foi uma experiência incrível, que me fez crescer como profissional, como pessoa e como cristã, e querer a cada dia estar pronta para cumprir o chamado de Deus.

Tenho um longo caminho ainda pela frente, mas meu coração é grato a esse Deus maravilhoso, que mudou minha trajetória para estar onde Ele quer que eu esteja. Sou grata por Ele ter me permitido viver dias difíceis, mas também dias incríveis; por me levar a diferentes lugares para aprender mais do seu amor e entender que o que estou fazendo não é nada diante de tudo o que Ele fez e faz por mim. Agradeço a Deus por ter me permitido, de uma forma tão especial, poder retribuir o tanto que Ele me concede.

Eu queria aprender para poder investir e ser uma grande empresária, ter uma confeitaria, uma escola de confeiteiros; eu me dediquei para ser essa empreendedora. Porém, entendi que posso ser muito mais no reino de Deus, e Ele me faz querer ir além. Por isso, continuo me dedicando. Vou fazer outra faculdade agora — de gastronomia, mas com foco em empreendedorismo — para contribuir para o meu chamado.

Eu amo ver as pessoas felizes ao me mostrar que aprenderam a fazer um bolo, um pudim etc. Esses dias, recebi uma mensagem de uma amiga me pedindo dicas de congelamento de legumes — porque está desempregada e foi chamada para fazer comida congelada. Ela precisava congelar alguns legumes e eu a ensinei. Às vezes, ouço as pessoas dizerem: "Mas você estudou tanto para ficar ensinando de graça". Eu simplesmente respondi: "Foi para isso também que estudei, para ajudar quem precisa". Essa amiga ficou muito grata pelas dicas e por poder fazer o serviço dela para ganhar o dinheiro de que estava precisando.

Com isso, cada dia mais entendo o que Deus tem comigo. Faço meus bolos, vendo, tenho meus clientes certos, mas é na cozinha de minha casa que tudo é feito, porque minha confeitaria e minha escola de confeiteiros não têm endereço fixo — para onde me chamarem, é onde Deus me permite estar. Meu desejo é sempre ser a protagonista da história que Deus escreveu para mim.

"Não to mandei eu? Sê forte e corajoso; não temas, nem te espantes; porque o Senhor teu Deus é contigo, por onde quer que andares" (Js 1:9).

"Então, você terá o favor e a aprovação aos olhos de Deus e dos homens. Confie no Senhor de todo o coração e não se apoie no seu próprio entendimento. Reconheça-o em todos os seus caminhos, e ele endireitará as suas veredas" (Pv 3:4-6).

BIBLIOGRAFIA

BÍBLIA SAGRADA. Nova Versão Internacional (NVI). Rio de Janeiro: Thomas Nelson Brasil, 2021.

"Por mais difíceis
que sejam
os dias, Deus
sempre estará lá."

Rosana Formiga

DIGITAL SENSE

Sabrina Braga

Eu me chamo Sabrina Braga. Sou filha amada, não da parte dos homens, mas por Jesus Cristo e por Deus Pai, que me amou primeiro.

Sou esposa de Cleider Marques, mãe de Ana Vitoria, João Victor, Diego Henrique, Sophia Ester e Benjamim Angelino.

Apaixonada pela obra de Deus e extremamente grata a Jesus por tudo que Ele fez e continua fazendo na minha vida. Tenho por objetivo, além de cuidar de minha amada família — que sempre será o meu maior ministério —, o de ajudar mulheres a se descobrirem em Deus e, com isso, ocuparem o seu devido lugar de direito de filhas amadas. Assim, elas poderão permanecer na presença dEle sem sentimento de culpa, medo, inferioridade ou falta de merecimento e, então, assentar-se com Ele à mesa e usufruir de tudo o que o Pai tem a oferecer.

sabrinaaparecidasantosbraga

+55 (34) 99133-1713

sabrinabraga35@yahoo.com.br

Conexão DESTINO

DE LO-DEBAR AO TRONO

20

Sabrina Braga

Neste capítulo, vocês irão descobrir que um Deus grande faz coisas grandes àqueles que escolhem permitir ter sua vida guiada por Ele e pautada em Suas vontades, e foi assim comigo.

Mas minha história, assim como a de Mefibosete, não começa em uma terra seca e sem pasto — que é o que significa Lo-debar; pelo contrário, as lembranças que tenho dos meus primeiros anos de vida são de muita alegria, com uma linda família. Meu pai, um homem íntegro, honesto e amável, que se preocupava e cuidava da sua esposa e de seus três filhos. Lembro-me de minha mãe e a tenho como referência; uma mulher forte que cuidava de nós com muita firmeza e retidão, mas com muito amor também. Em minhas lembranças, há uma mistura das surras de correção e aprendizado e das demonstrações de carinho quando preparava minhas festas de aniversário.

Lo-debar chega em minha vida aos meus 6 anos de idade. Meu pai era encarregado de carvoeira, conseguiu uma grande empreita e nos levou com ele. No local onde iríamos ficar, foi construído um grande galpão para que dormíssemos e colocássemos nossos pertences. Não havia energia elétrica, usávamos lamparina à base de óleo diesel e, naquela fatídica noite, estávamos eu e meus irmãos, Nayane e João Paulo, em cima de uma cama, deitados, enquanto meus pais, meu tio e um funcionário jogavam baralho. Acabou o óleo da lamparina e meu pai foi até um grande galão — onde era armazenado o combustível — para abastecer a luminária. Então, uma faísca caiu naquele galão e o explodiu. É incrível como todas as vezes que falo desse momento tenho a sensação do fogo chegando até nós muito rapidamente. Mas, pior do que a lembrança da sensação, é ter vivido a experiência de estar dentro do fogo. Naquele momento, era como se eu andasse em câmera lenta enquanto o fogo me queimava. Descer daquela cama parecia uma eternidade. Eu me lembro do meu pai vindo nos resgatar; ele pegou a mim, minha irmã e meu irmão e, então, saímos atrás dele. Hoje, escrevendo isso, vejo que meu pai foi um verdadeiro herói, mas nem sempre eu o enxerguei assim. Eu o culpei por essa tragédia durante muitos anos.

Como aquele galpão tinha duas portas, minha mãe saiu por outra e, quando não nos viu, voltou para tentar nos salvar. Com isso, ela teve queimaduras muito graves, assim como eu e meu irmão João. Fomos todos para o hospital mais próximo e, quando se depararam com uma família inteira de queimados e viram a gravidade da situação, logo pediram que fossem para outro hospital que tivesse condições de nos atender melhor. Assim, nossa dor se prolongou ainda mais.

Nós fomos internados em uma cidade um pouco longe da nossa, por isso não tínhamos pessoas conhecidas naquele lugar. Fui colocada em um quarto com o meu irmão e, durante um tempo, ele era minha única companhia. Até que, em uma manhã, acordei com uma cortina ao redor da minha maca e, como sempre fazia ao acordar, eu chamava: "Joãozinho, cadê você, meu irmão?". O Joãozinho já não estava mais lá. Naquele dia, tivemos um velório duplo: meu tio Jeferson e meu irmão João. E, dentro de poucos dias, perdemos também minha mãe.

Eu permaneci naquele hospital por meses. Hoje, eu entendo que fui forjada para ser um testemunho vivo. Ali eu tive que, por meses, fazer todas as minhas necessidades fisiológicas e tomar banho em cima de uma maca. Ao ficar, na maioria das vezes, sem alguém conhecido e aos cuidados das enfermeiras, eu aprendi a depender somente do Senhor, mesmo não entendendo o que havia acontecido ainda. Ali eu aprendi a dar valor às pequenas coisas da vida, as que realmente importam. Quando, depois de meses deitada, tive que aprender a andar novamente, segurando nas paredes do corredor daquele hospital, o que mais importava, naquele momento, era conseguir chegar até o quarto em que havia outras crianças para eu brincar sem precisar da ajuda da enfermeira.

Enfim, a tão desejada volta para casa — e, com ela, a terrível notícia de que a referência de força que eu tinha, minha mãe, não estava entre nós. Apesar de nem mensurar o que a falta dela significaria em minha vida, e de ter tido muitas pessoas que tentaram com muito amor cuidar de mim — como minha amada avó Ana e minhas tias, que foram muito importantes na minha história —, passei por muitos momentos difíceis depois de sua morte. Fui rejeitada, humilhada e abandonada pelo meu próprio pai, que preferiu viver suas vontades a se posicionar e ser o pai que eu precisava que ele fosse. Com isso, eu fui exposta a escassez, passei fome e mudei de casa inúmeras vezes; fui jogada de um lado para o outro, como um animal que não era bem-vindo. Vivi dias terríveis, mas a escassez de alimento não pode, nem de longe, ser comparada ao abuso que sofri em uma casa grande, confortável e cheia de provisão alimentar em que eu morei. Lá, eu passei os piores dias de minha vida; fui assediada e molestada, psicológica e fisicamente, por um homem em que todos confiavam, mas que fez da minha vida um inferno. É difícil até descrever em palavras o que vivi naquela casa. A única coisa boa que consigo tirar dessa época é que foi ali que comecei a me relacionar com Deus. Quando eu voltava da escola, a caminho de casa, pedia a Deus que aquele homem não mexesse comigo aquela noite.

Os anos se passaram e a menina virou uma mulher. Apesar de ter convivido pouco com minha mãe, cresci ouvindo o quanto ela era uma mulher forte. E isso me ajudou a me tornar uma mulher determinada a mudar minha história. Trabalhei, estudei, corri atrás das minhas coisas e da minha felicidade. Mas mal sabia eu que a minha história só mudaria mesmo quando eu entendesse que não vim a esse mundo por acaso; que tudo que eu passei era para que o nome dEle fosse glorificado e para que as pessoas vissem, por meio da minha vida, o que ele é capaz de fazer na vida daqueles que entregam sua vida para Ele por inteiro.

Foi avassalador quando me encontrei com o amor do Pai por mim; quando entendi que Ele foi capaz de abrir mão do seu único filho e permitir que Jesus sofresse para que não tivesse que abrir mão de mim por toda a vida. Quando eu entendi isso, não teve mais como continuar sendo a mesma ou permitir que as feridas da minha alma continuassem me matando pouco a pouco. Eu precisei perdoar; precisei deixar ir todos os que me feriram e que eu mantinha presos a mim. Eu entendi que permanecer em Lo-debar era uma escolha minha, mas que, se eu quisesse, eu poderia me assentar à mesa com meu Deus Pai e cear com Ele, ser feliz com o Senhor, usufruir de tudo do melhor que Ele tem para mim. Porém, eu teria que me desprender de tudo o que eu achava ser relevante e me deixar ser guiada por Deus. E assim eu fiz. Abandonei todo rancor, ódio, achismo, e me entreguei por inteira a Ele. Foi a partir daí que a alegria de viver entrou em minha vida e que o sobrenatural, em todas as áreas, começou a acontecer na minha vida.

Hoje, tenho cinco filhos: dois são do meu próprio ventre e três do coração de Deus para mim. Depois do amor que tenho por Deus, minha família é o que tenho de mais importante. A oração que sempre faço é de agradecimento por Deus ter me ajudado a cuidar da minha família, porque eu sei que, sem Ele, eu jamais teria conseguido. Só o meu Deus para transformar uma improvável como eu na esposa, mãe, amiga, serva, chefe e conselheira que o Senhor me tornou. Tudo de bom que há em mim vem dEle. Quando eu tinha tudo para ser o pior de mim — pelas dores sofridas —, ele extraiu o melhor; por que quem mais seria capaz de fazer isso além daquele que me fez e me amou primeiro?

Como disse, eu decidi sair de Lo-debar — ao contrário de minha irmã, que passou por lá como eu, mas permaneceu por muito mais tempo, mesmo sendo apresentada ao mesmo Deus que eu; ela viveu durante quinze anos no mundo das drogas, nas ruas, passando fome; foi presa, espancada e teve três filhos, os quais o Senhor me deu a graça de criar como meus. Hoje, depois de muitos anos de clamor pela vida dela — não só da minha parte, mas de toda a minha família —, o Senhor a ajudou a reunir forças e decidir escolher mudar de rota e deixar Deus ser o guia de sua vida. Enquanto escrevo essas palavras, faz exatamente um ano que ela voltou não só para casa, mas para os braços do nosso Deus Pai, e hoje está caminhando com Ele e tendo sua dignidade e seus direitos de filha restituídos.

Quanto a mim, sou uma mulher casada com um homem íntegro, honesto e temente a Deus. Meus filhos têm promessas lindas feitas da parte de Deus e creio que todas serão cumpridas, pois o Senhor sempre cumpriu o que me prometeu. Tenho como profissão o ato de cuidar e gerir uma empresa que foi aberta com a Graça de meu Deus Pai e que tem como missão oferecer emprego para mais de sessenta pessoas, além de proclamar o nosso Deus, declarando que tudo é dEle e para Ele e testemunhar o poder que o Senhor tem de cuidar de forma sobrenatural dos que O amam.

Para terminar, quero falar do meu pai terreno, João Martins. Como eu mencionei anteriormente, passei muito tempo culpando meu pai por todo o meu sofrimento. Mas perdoá-lo foi extremamente necessário para que eu, além de poder me relacionar com ele de forma mais frequente e verdadeira, pudesse dar a oportunidade de ele e meus filhos viverem o que nós não conseguimos viver. Hoje, ver meu pai ser um avô presente e extremamente amoroso é uma alegria para o meu coração. Contudo, o que foi mais valioso em perdoar, foi poder me relacionar com Deus como meu Deus Pai e viver o poder extraordinário que isso me oferece: o poder de me assentar à mesa do trono como filha amada, sem sentimento de culpa, medo, condenação ou inferioridade, e usufruir de tudo o que a adoção por meio da cruz, pelo sacrifício de Jesus, me oferece em vida nesta terra. Por meio do perdão, pude compreender que tenho um Pai grande e poderoso que cuida de mim nos mínimos detalhes para sempre, até a eternidade nos céus. Dentre tudo que eu poderia querer, isso foi o melhor que poderia me acontecer. Portanto, deixar Deus Pai ser o protagonista da minha história foi a melhor escolha que eu poderia fazer.

“Como entregar metade para um Deus que me deu tudo?”

Sabrina Braga

Miss. Tatiane Angélica

Sou a Missionária Tatiane Angélica. Natural de Belo Horizonte/MG, atualmente resido na região metropolitana da cidade com minha amada família. Sou casada com Danilo há dezesseis anos e Deus nos deu um filho, Davi Emanuel, de 10 anos, como milagre e testemunho de orações.

Sou graduada em Gestão Comercial, área em que atuei por muitos anos. Também sou bacharel em Teologia, pregadora do evangelho, palestrante, conferencista, seminarista, mentora, escritora e Doutora da Alegria — ministério de missões urbanas que atua em hospitais, presídios e casas de recuperação.

Meu ministério missionário começou quando eu disse: "Eis-me aqui, Jesus!"; assim, renunciando minha própria vontade para viver o verdadeiro chamado, por meio do qual Deus tem me levado a várias nações e povos para anunciar o evangelho de Cristo Jesus.

tatianeangelicaprata

+55 (31) 99699-2059

tatiane.prata@yahoo.com.br

Tatiane Angélica Prata

tatianeangelicaprata (Missionária Tatiane Angélica)

Conexão DESTINO

SENDO GERADOS NO SECRETO COM DEUS

21

Miss. Tatiane Angélica

Minha história começa quando o impossível de Deus aconteceu em minha vida. Os médicos diziam que minha mãe era estéril e que não conseguiria gerar um filho, mesmo diante de tantas tentativas.

"Porque para Deus nada é impossível" (Lc 1:37).

Mas os planos de Deus são diferentes, pois onde as possibilidades se acabam, será o cenário perfeito para acontecer o inexplicável. No momento em que minha mãe vai ao hospital — na esperança de estar vivendo a tão sonhada gestação —, descobre-se que em seu útero havia uma anormalidade: um tumor raro que necessitava de cuidados e diferentes especialistas, diante da gravidade. Durante cinco anos de tentativas, esperanças por meio da fé e uma promessa, minha mãe é convidada a fazer um tratamento em um hospital por um médico que viria do Japão para dar prosseguimento aos tratamentos, no exato momento que ela precisava. Sabe o que isso quer dizer? Deus faz o inexplicável acontecer para os propósitos dEle se cumprirem.

Assim, iniciou-se uma jornada milagrosa gerada por Deus. Os planos do Senhor jamais serão frustrados, pois a última palavra é dEle. O fato marcante nesse relato de testemunho foi minha mãe dizer que o médico parecia um anjo enviado pelo próprio Deus, que ao olhar nos olhos dela e colocar suas mãos em seu ombro, liberou uma palavra profética dizendo que minha mãe estava pronta para poder gerar. Poderia alguém afirmar esse milagre se não fosse Deus trabalhando no secreto? Sim, a jornada de milagre aconteceu; então o primeiro milagre sou eu.

O meu avô materno foi responsável por gerar um legado por meio de Jesus em nossa família, estendendo essa benção a toda sua descendência — até me alcançar. Em um ato profético e direcionado por Deus, me levantou para o alto assim que nasci e me consagrou à missionária, dizendo que eu seria usada por Deus e seria enviada para as nações; que eu lançaria a rede e ganharia várias almas para Jesus em prol do Reino de Deus. O poder da palavra se manifestou em minha vida e já ganhei muitas almas e filhos na fé para Jesus. Além disso, já fui ministrar a Palavra de Deus em muitos países, estados e cidades como missionária.

Meu pai veio de uma família na qual alguns praticavam obras malignas — e ele também, em alguns momentos, acabou vivendo nessas práticas —, assim, abrindo legalidade no mundo espiritual. Mas Jesus poderia quebrar essas maldições hereditárias em minha vida e em toda a família. E, para a glória de Deus, hoje, alguns dos dons que me foram dados são de cura e de libertação. Com uns 2 anos de vida, Deus começou e despertou o meu chamado. Eu já orava e colocava as mãozinhas nas pessoas, já orava na minha casa, e a chama já ardia em minha alma. Minha mãe nos levava na igreja todas as vezes que era possível, nos ensinando o caminho certo a se seguir em Jesus. Por esse motivo, houve lutas travadas espiritualmente desde criança, como meu pai nos proibir de frequentar igrejas. Tudo o que vivenciei, cada luta, cada perda e cada perseguição, era Deus já me forjando e me preparando para o meu chamado.

Tive muitos livramentos — Deus me livrou da sombra da morte por algumas vezes — e, também, tive experiências sobrenaturais. Quando fui chamada para missões, passei na fila várias vezes quando Deus me criou. É assim que brinco narrando para as pessoas, pois em todos os departamentos de igreja, Deus tem me habilitado e me preparado desde criança. O meu testemunho é muito grande até aqui; meu pai conheceu Jesus por meio da minha vida; por quinze anos, orei e paguei um alto preço pela vida dele, pedindo a Jesus para alcançá-lo com salvação e libertação. Tenho o prazer em dizer que meu pai foi meu filho na fé, e que hoje está recolhido por Deus; combateu o bom combate, acabou sua carreira e guardou sua fé.

Deus colocou em meu coração falar de experiências em minha jornada em Cristo Jesus, na qual aprendi e vivenciei o verdadeiro significado de ser gerada no secreto com Deus. Descobri o real significado de paternidade, e minha filiação e identidade com o Senhor. Muitos talvez não entendam o real significado de "estar com Deus", ou talvez nunca tenham experimentado o sobrenatural em suas vidas. O meu testemunho vai impulsionar você a querer viver também o inexplicável de Deus.

Quando somos gerados por Deus, podemos experimentar um período de solidão, esquecimento, anonimato — uma total separação para que tenhamos sensibilidade em ter um verdadeiro encontro com Deus. A minha pergunta a você é: o que está limitando você hoje? Convido você a embarcar nessa jornada, que pode ser um novo capítulo na sua história, escrita pelas mãos do próprio Deus.

Não se assuste nessa fase; nela será tirado tudo que possa ser impedimento, distração, limitação, ou que a afaste do plano original que Deus tem para sua vida. Farão parte da nossa caminhada somente conexões que tenham propósitos no Reino de Deus. Ficarão somente aqueles que tiverem a mesma visão espiritual que Deus a convida a experimentar. E o Senhor fará você se conectar com o que sempre sonhou para você.

Nunca se esqueça de que você nasceu para cumprir as promessas que foram geradas um dia no mundo físico e espiritual, sejam elas por meio de uma oração e joelhos no chão, ou uma palavra profética liberada. A minha pergunta a Deus foi: "Por que eu, uma improvável, deveria compartilhar o meu jardim secreto?". A resposta foi: porque Deus tem sempre um grande propósito em poder edificar a fé na vida de outras pessoas por meio dos nossos testemunhos, e sou uma acumuladora de milagres e testemunhos por meio do secreto com Deus. Por isso, todas as vezes que o Senhor opera em nossas vidas o sobrenatural, é para que sejamos testemunhos vivos dos seus sinais e prodígios na vida de outras pessoas.

A minha missão é fazer você entender os planos que Jesus tem para sua vida e aprender a destravar todas as áreas para vivenciar um novo tempo para a sua história. Em minha caminhada ministerial direcionada por Deus, pude viver, experimentar e criar resistências ao longo da minha jornada; e todas as vezes que pensei que era o fim, que não conseguiria sobreviver mais um deserto, Jesus se revelou a mim, mostrando que a última palavra é a dEle. Deserto sempre será a escola de profetas, em que experimento e aprendo as maiores lições. O processo de ser "gerada no secreto" sempre me curou, me aprofundou e, com isso, estou vivendo novas estações. Apresento a vocês aquilo que Deus fez em minha vida, entregando-a totalmente por meio da minha aliança com Jesus.

Quando descobrimos esse amor incondicional de Deus atribuído a nós, entendemos o nosso verdadeiro valor e significância; já foi pago um alto preço por você por meio de Jesus. A oração no secreto faz o céu se mover ao nosso favor todas as vezes que Deus decretar algo a nosso respeito. A vontade dEle é soberana e sempre vai prevalecer. Mesmo que você se encontre desmotivado, sua fé esteja abalada e já não tenha mais forças para prosseguir, não desista; resista e suporte, pois Jesus vai sustentá-la, concedendo o renovo todas as vezes que for necessário. A vontade é de parar, mas Jesus a convida a orar, guerrear, posicionar-se e voltar a profetizar nesse deserto. O que você não conseguiu resolver de pé, resolva de joelhos no chão, orando para o único que pode mudar a sua situação.

"Também o Espírito, semelhantemente, nos assiste em nossa fraqueza; porque não sabemos orar como convém, mas o espírito intercede por nós sobremaneira, com gemidos inexprimíveis" (Rm 8:26).

"Tu, porém, quando orares, entra no teu quarto e, fecha a porta, orarás a teu pai, que está em secreto; e teu pai, que vê em secreto, te recompensará. E orando, não useis de vãs repetições, como os gentios; porque presumem que pelo seu muito falar serão ouvidos. Não vos assemelheis, pois, a eles; porque o Deus, o vosso pai, sabe o de que tendes necessidade, antes que lho peçais" (Mt 6:6-8)

O hábito de orar e buscar o discernimento vindo de Deus nos poupará de tomar decisões por nós mesmos, pois viveremos conforme o centro da vontade dEle. A oração nos leva a entregar nossa total dependência e fortalecer a nossa fé; orar e ter a ação é o que Deus espera de nós.

Nesse tempo de preparação, devemos desenvolver maturidade espiritual, para adquirirmos habilidades e experiências únicas em cada processo que foi estabelecido para nossas vidas. As guerras vividas são experiências adquiridas para lhe dar estrutura e prepará-la para grandes coisas que estão por vir. Saiba que níveis maiores requerem maiores disponibilidades e responsabilidades. Nesse tempo, o que você vai decidir? Estacionar ou se movimentar? O estacionar vai paralisar a jornada de milagres que Deus tem preparado para você; saiba que toda tomada de decisão sem discernimento trará consequências e cicatrizes futuras que podem ser irreparáveis. Sem o discernimento, você perderá a capacidade de autocompreensão em situações de separar o certo do errado. Pode ocasionar danos irreversíveis, contextos em que poderemos viver os seus resultados para sempre.

Entenda que viver níveis maiores de milagres e o sobrenatural requer níveis maiores de disposição e obediência a Deus. As dores que sentimos hoje nos processos serão o resultado de grandes transformações memoráveis em nossas vidas. Sabemos que ninguém vai amadurecer sorrindo, e que gerar testemunhos e milagres às vezes vai doer muito, pois estamos sendo tratados por Deus por meio do processo ao qual será extraída a nossa maior e melhor essência.

Você estará crescendo e frutificando no seu secreto com Deus. Viver um tempo novo vai exigir de nós comportamentos novos. Vida transformada vai gerar pensamentos e atitudes diferenciados. Devemos aprender a ter total dependência em Deus, confiando e entregando nossas vidas sem restrições. O nível da sua entrega revelará a proporção do que vai receber, e quando chegar o momento da colheita será extraordinário e inexplicável. Preparados para serem geradas no secreto?

BIBLIOGRAFIA

BÍBLIA SAGRADA. Almeida Revista e Atualizada (ARA). Barueri: Sociedade Bíblica do Brasil, 2021.

"O que você não conseguiu resolver de pé, resolva de joelhos no chão, orando para o único que pode mudar a sua situação."

Miss. Tatiane Angélica

Vanessa Miranda

Sou Vanessa Miranda, natural de Brasília/DF, e resido em Taguatinga Norte/DF com minha família: meu marido e grande amor, Fábio Miranda; e meus três filhos, Igor Henrique, Pedro Henrique e Vinícius. Sou cristã, pastora, empresária e, aos 45 anos, estou concluindo a faculdade de Psicologia neste ano de 2025.

Temos uma empresa familiar, F Casa da Película, entregue por Deus para trazer provisão às famílias, assim como trouxe à nossa. Também cuidamos de um pequeno rebanho na congregação Núcleo Familiar Poço de Jacó (Jo 4:4-6), um ministério voltado à restauração de famílias, projeto nascido no coração de Deus.

vanessapsmiranda

+55 (61) 99133-6507

vanessa.psmiranda@gmail.com

+55 (61) 99993-1121

RESTAURAÇÃO DE UM NÚCLEO FAMILIAR 22

Vanessa Miranda

Neste capítulo, convido você a conhecer um pouco da minha história, ou melhor, da nossa história. Um testemunho de restauração familiar, que hoje usamos para inspirar e transformar famílias. Então, vamos lá. Percorra comigo esse caminho que trilhei até chegar aqui.

Aqui se inicia a história de uma criança gerada em meio às dificuldades e tribulações da vida enfrentadas por sua mãe. Eu não tinha pai e poderia viver uma orfandade. Minha mãe, uma mãe solo. Porém, pelas misericórdias de Deus e porque já havia uma história escrita na eternidade, um homem enviado pelo Senhor se apaixonou por ela e disse a ela que me queria como filha, que me daria nome e sobrenome. Pela obediência e renúncia de minha mãe, Maria Pereira, e de meu pai, Valdemar Pereira dos Santos, cresci em um lar cheio de amor e alegria, juntamente com dois irmãos que são preciosos demais para mim: Cleide e Wellington. Nossa família viveu em um bairro de Goiás, chamado Posto Ipê, em Luziânia, em uma chácara cercada pela beleza da natureza e pela simplicidade da vida na roça.

Mas aqui também se desenvolveu uma adolescente cheia de sonhos, muito impetuosa e com um desejo enorme de ter uma família, de viver um grande amor. Porém, o inimigo de nossas almas atravessou minha vida em meio à turbulência dessa adolescência, causando muitos danos e feridas na minha alma. Conheci uma pessoa que também estava em sua adolescência e me casei aos 16 anos. Contudo, com apenas oito meses de casada, ele morreu. Essa adolescente ficou viúva, sem nem entender como lidar com aquele luto, com aquela dor. Acabou encontrando refúgio nas drogas e bebidas, perdendo-se em meio a essa vida.

Ao final dos meus 17 anos, encontrei um real e verdadeiro amor: Fábio Carvalho Miranda. Mesmo em meio a uma vida sem Deus, Ele (Deus) olhou para mim e me resgatou das drogas. Eu me envolvi em um relacionamento com Fábio e tivemos dois filhos: Igor e Pedro. Porém, agora não mais uma adolescente, eu havia me tornado uma jovem ainda impetuosa demais para entender os planos do Senhor. Quis voar por outros lugares e me perdi da família que Ele havia me entregado. Assim, nos separamos e ficamos dez anos afastados. Nesse período, ainda tive a graça e o amor do Senhor me cercando. Mesmo em meio a tanta desobediência, o Senhor me entregou mais uma flecha: presenteou-me com mais um filho, Vinícius Carrijo dos Santos.

Sofri muito nesse período. Não usava mais drogas, mas a bebida e o cigarro ainda eram vícios que afetavam minha saúde e causavam muitos danos a mim e aos meus filhos. Cansada de tudo, recebi o convite de uma amiga de trabalho para ir a um culto. Lá, o Senhor me acolheu por meio de uma linda e abençoada pastora chamada Fátima. Nesse período de muito sofrimento, o Senhor me deu uma palavra rema que até hoje me direciona e me encoraja: Isaías 54, cujo título é A Restauração Futura de Jerusalém:

"Não tenha medo, pois você não será envergonhada. Não se constranja, pois você não será humilhada. Você esquecerá a vergonha de sua juventude e não se lembrará mais da desonra de sua viuvez. Pois o seu Criador será o seu marido; o Senhor dos Exércitos é o seu nome. Ele é o seu Redentor, o Santo de Israel, o Deus de toda a terra. Seus filhos serão ensinados pelo Senhor, e grande será a paz deles" (Is 54:4-5, 13).

A partir desse momento, decidi largar tudo que me separava de Deus. Entrei em obediência e disse a "esse Deus" que eu não o conhecia como Pai, que eu não mais viveria em rebeldia e que queria conhecer o amor de que todos falavam: um amor que cuida e transforma uma vida de escuridão em uma vida guiada pela luz. Pela primeira vez, ouvi Ele falar comigo: "Vanessa, não lhe deixei órfã na Terra e você nunca foi órfã na eternidade. Dei a você um pai terreno amoroso e cuidadoso para que, quando você se voltasse para mim, entendesse que Eu sou infinitamente mais amor do que ele foi para você".

Nunca havia sentido algo tão forte. Foi então que começou o processo de santificação da minha vida, no qual outra linda e abençoada pastora me auxiliou e até hoje me pastoreia: minha pastora Luzia. Alguns chamam esse processo de libertação, mas prefiro chamá-lo de santificação. Ainda estou nele, mas o primeiro ciclo durou sete anos. Ao fim desse ciclo, o Senhor trouxe de volta para mim e para os meus filhos o Fábio, meu amor eterno.

Após dez anos separados, em um dia especial, tive um sonho. Nele, vi um menino de 3 anos, descalço e nu, andando ao meu lado e pisando em pedras enquanto íamos para um apartamento. Eu dizia para ele que colocasse calçados porque machucaria os pés, e ele respondia: "Não, eu vou assim para criar resistência". Ele era uma criança, mas falava como homem.

E, assim, em um dia triste de morte de uma criança muito amada e especial — nosso sobrinho João Pedro — nos encontramos e nos abraçamos em meio àquela dor. O Espírito de reconciliação veio sobre nós, e o Senhor nos reconectou novamente.

Logo começamos uma amizade sincera, mas o Senhor estava reacendendo a chama do nosso amor. Dessa vez seria nEle e para sempre.

O fechamento de um ciclo estava acontecendo na minha vida e na vida dos meus filhos; um ciclo de muito sofrimento e escassez, mas também de muito crescimento e amadurecimento, e, claro, com muita provisão do Senhor. Vivemos milagres e o sobrenatural de Deus; foi algo poderoso demais que ainda hoje me faz chorar quando me lembro. Nesse tempo, o Senhor havia me dado uma ordem para me mudar do bairro em que cresci e vivi. E, claro, eu obedeci. Precisei de ajuda para fazer minha mudança, e Fábio foi nos ajudar. Na noite anterior a essa mudança, o Senhor me deu outra ordem que poucos entenderam. Ele disse: "Saia e não olhe para trás. Não leve nada, doe tudo".

Meu Deus! Pensei como eu iria falar isso para Fábio. Sair com três crianças pequenas para um lugar novo sem nada? O que ele pensaria? Ele ainda não era convertido ao Senhor Jesus. Mas acreditei que, se o Senhor disse, então Ele sustentaria isso.

Quando Fábio chegou para fazer a mudança, eu disse a ele o que Deus tinha falado. Ele olhou para mim com o olhar fixo, sem entender muito bem o que eu estava dizendo, e me perguntou: "Deus falou?". Eu disse: "Sim, Deus mandou!". Então Fábio respondeu: "Se Deus falou, então deixa tudo, vamos. Vou deixar vocês no apartamento". Naquele momento, o Senhor me levou de volta ao dia em que sonhei com a criança — três anos antes desse momento que estávamos vivendo — e disse a mim: "Esse é o menino. Estou trazendo ele de volta. Ele está limpo, nu e sem calçados. É para você apresentar o meu evangelho a ele. Ele é seu marido e vai caminhar lado a lado com você".

Depois disso, alguns meses à frente, começamos um relacionamento puro e santo. Durante o período em que vivi apenas com meus filhos, fiz uma carta para o Senhor. Nessa carta, escrevi como queria meu marido. Uma das coisas que pedi foi que ele me amasse como Cristo ama a igreja, que amasse os meus filhos e que me respeitasse até o dia do casamento – pois eu não queria nunca mais na minha vida ir contra os princípios do Senhor, mesmo que isso me custasse tudo. Durante a escrita dessa carta, disse ao Senhor em secreto, sem ser em voz alta e sem escrever, algo que esse homem — que Ele tinha separado para ser meu marido — teria que me falar quando nos encontrássemos.

No dia em que Fábio me pediu para retomar nosso relacionamento, ele disse assim para mim: "Vanessa, sei que sua vida agora é outra e que você quer obedecer ao Senhor. Quero dizer que vou respeitar você em tudo e que não tocarei em você antes do casamento". Uau! Era exatamente o que eu tinha falado ao Senhor.

No período de um ano, noivamos e nos casamos, e foi lindo esse dia. Vi os céus abertos sobre nós e o amor do Pai nos envolvendo.

Hoje, o Senhor restaurou meu lar, restaurou nosso núcleo familiar, deu um pai amoroso aos meus filhos e um marido amoroso para mim. Estamos casados há dez anos e com uma história de vida de 25 anos. Vivemos as promessas do Senhor diante da graça imerecida, que é o amor sacrificial de Jesus, que Sua vida entregou por nós. Podemos dizer que hoje vivemos a promessa do Senhor. Deus é Deus que abençoa até mil gerações! Vivemos a palavra que diz: "Mas trato com bondade até mil gerações os que me amam e obedecem aos meus mandamentos" (Êx 20:6).

Igor, hoje com 25 anos, e Pedro, com 22 anos, estão casados com mulheres lindas e cheias de Deus, também fruto de adoção como eu; cada uma com uma história linda de resgate, amor e cuidado do Pai celeste. Vinícius, hoje com 17 anos, está namorando uma linda e abençoada jovem de Deus, que vem de um lar em que o espírito de adoção do nosso Aba Pai também se faz presente. Isso não é coincidência, é propósito. Deus é Senhor de gerações e tem prazer em abençoar nossa descendência.

Eu e Fábio tivemos a graça e o privilégio de ensiná-los no caminho do Senhor Jesus, e eles puderam crescer em um lar não perfeito, mas cheio de cuidado e amor de Deus.

Finalizo este capítulo dizendo que hoje temos o nosso núcleo familiar restaurado pelo Senhor, por meio do qual outras famílias são abençoadas. Em nosso lar, acolhemos, amamos e auxiliamos famílias a se encontrarem de forma genuína com o verdadeiro Pai restaurador e reconciliador.

O Senhor me encontrou como aquela samaritana no poço de Jacó (Jo 4), me deu uma água para beber e eu nunca mais tive sede. Ele me disse: "Vá e espalhe sua história". Hoje, amada leitora, essa história chega até você. Que essa água que bebemos hoje como família transborde sobre sua vida e lhe encha do amor do Pai resgatador e restaurador. Ele busca verdadeiros adoradores que o adorem em espírito e em verdade, uma adoração obediente. Ele é o mais interessado em restaurar e reparar os nossos caminhos tortuosos. Acredite, Deus pode mudar sua história assim como mudou a minha.

"Mas está chegando a hora — e de fato já chegou — em que os verdadeiros adoradores adorarão o Pai em espírito e em verdade. O Pai procura pessoas que o adorem desse modo" (Jo 4:23).

BIBLIOGRAFIA

BÍBLIA SAGRADA. Nova Versão Transformadora (NVT). São Paulo: Editora Mundo Cristão, 2016.

"A história que
está escrita
na eternidade
não pode
ser apagada
pelas leves e
momentâneas
tribulações desta
vida; obediência
é a chave."

Vanessa Miranda

Pra. Vânia Carvalho

Eu me chamo Vânia Carvalho. Sou casada com o pastor Aldecir Cabrera e mãe de três filhos: Tayná, Matheus e Myllena. Também sou avó de Giovanna. Minha família é a riqueza da minha vida.

Sou pastora e vice-presidente da Igreja Evangélica Casa de Oração Ministério Sal da Terra e Luz do Mundo na cidade de Rio das Ostras/RJ.

Também sou terapeuta cristã e lidero o projeto Curadas na Mesa — ministério da minha igreja, na qual sou líder de mulheres.

Amo cuidar de vidas; foi para isso que fui chamada. Sou uma mulher improvável que Deus escolheu para honrar.

pravaniacarvalho

+55 (22) 99943-7943

pravaniacarvalho

UM LEGADO DE FÉ E OBEDIÊNCIA QUE GERA HONRA

23

Pra. Vânia Carvalho

Com lágrimas nos olhos e coração acelerado, começo a contar um pouco da minha trajetória até chegar ao momento de honra. Impossível não se emocionar ao relembrar toda a trajetória para eu chegar até aqui.

Quando recebi o convite da Missionária Débora Almeida para ser coautora deste livro, fiquei sem palavras, porque Deus já havia usado várias pessoas para dizer que meu testemunho resultaria em um livro. Portanto, eu desejo que minha história alcance e restaure muitas vidas.

Minha mãe, Iracema, era uma grande intercessora. Orava muito por mim e por meus irmãos. Temente a Deus, deixou um grande legado de fé para mim. E foi esse legado que me fez chegar até aqui. Foram anos de propósito e oração. Ela nunca desistiu de lutar e acreditar no chamado de Deus para a minha vida.

A verdade é que quando Deus tem um chamado na vida de alguém, nada pode impedir que o propósito seja cumprido. Embora possamos passar por momentos de provação e refinamento, como se fôssemos provados no fogo, o resultado é a realização do propósito de Deus.

Nasci e cresci em um lar cristão. Na minha adolescência, afastei-me do caminho de Jesus e fui conhecer o "mundo". Da infância para a adolescência, fui várias vezes abusada e, mais tarde, vivi uma vida de ilusão, mentiras e pecados.

Aos poucos, estava envolvida na prostituição. Frequentava boates, baladas, forró, e, para a tristeza de meus pais — que na época já eram dirigentes de igreja —, engravidei aos 17 anos. Mesmo assim, minha mãe sempre declarava: "Você será uma grande profetiza". E sei que Deus havia me escolhido desde o ventre de minha mãe.

"Antes que te formasse no ventre, te conheci, e, antes que saísses da madre, te santifiquei; às nações te dei por profeta" (Jr 1:5).

Na época em que descobriram minha gravidez, aquilo soou como uma vergonha para minha família. Meu pai me expulsou de casa, mas minha mãe me deixou ficar. Várias vezes quis abortar minha filha, mas, dentro do meu coração, já tinha temor de Deus e não tirei a criança. Aceitei minha filha e meus pais me ajudaram a criar Tayna; ela era a princesa da casa. Passei por muitos processos até entender qual real propósito Deus tinha diante de tudo o que eu estava vivendo. Hoje eu compreendo que há um propósito em cada processo.

Tive diversos relacionamentos; uma vida emocionalmente destruída. Permanecia em uma ilusão e, muitas das vezes, me senti um lixo, sendo usada, traída, abandonada e rejeitada. Como dei desgosto a meus pais por desobedecê-los e não entender que Deus tinha um grande chamado comigo na obra.

Engravidei pela segunda vez. Então, pensei: "Agora é meu fim". Eu me lembro de dar socos na minha barriga, rejeitando e amaldiçoando o fruto do meu ventre. Pedi perdão a Deus e ouvi várias profecias liberadas, dizendo que meu filho seria um varão e seria um grande homem de Deus. Pedi perdão ao meu filho, que hoje é uma bênção.

Sozinha, mais uma vez. Abandonada, rejeitada e usada. Eu não convivia com os pais dos meus filhos. Tentei refazer minha vida várias vezes, mas, sem Jesus, não tive sucesso. Uma vez, Deus usou um profeta para me dizer que o Senhor me levaria para outras nações e que eu ganharia muitas almas para Jesus. Entendi que há propósito na dor e que, para viver o propósito de Deus, é necessário passar pelo deserto.

Mas minha mãe nunca desistiu de acreditar que ainda havia solução para mim. No momento em que muitos já não acreditavam que eu mudaria, ela nunca desistiu de crer nas promessas de Deus.

Passou o tempo e eu continuava afastada dos caminhos do Senhor. Depois de vários processos, várias decepções na vida sentimental, eu conheci um rapaz de família e, dessa vez, achava que tinha encontrado o homem perfeito. Mas, somente se Jesus estiver em primeiro lugar, há felicidade e alegria. Podemos escolher o caminho, mas se não estivermos com Deus, logo virá o fracasso.

Parecia que minha família estava restaurada, pois o rapaz me tratava com amor e carinho, gostava dos meus filhos e me deu um lar agradável. Ele me tratava muito bem. Parecia que agora tudo estava fluindo bem. Então, descobri que estava grávida. Ele radiante e feliz com a notícia; e eu, feliz, achando que agora tinha formado minha família.

Passaram-se alguns meses e eu encontrei uma senhora cristã. Ela me perguntou com quantos meses eu estava, e eu disse que estava indo para o quarto mês de gestação. Ela, então, disse: "Deus me mandou falar para você voltar para Jesus o mais rápido possível, porque Ele tem pressa de usar você. Ele lhe escolheu ainda no ventre de sua mãe". Ali me derramei em lágrimas, pois senti o Espírito Santo falando comigo; mas já estava com uma família e um companheiro e não tinha forças para retornar. Lembro que ela ainda disse: "Ou você volta por amor ou vai ser pela dor".

Passados alguns dias, fui à consulta de rotina e, para minha tristeza, o médico disse que eu teria que fazer a coletagem, pois não ouvia mais o coração do bebê bater na ultrassonografia. Eu tive que ficar internada e, naquele momento, Deus começou a me tratar. Ali começou um processo muito difícil. Eu falava: "Nasci para sofrer".

Ao passar o tempo do meu resguardo, meu companheiro me expulsou de casa com as crianças de madrugada, sem explicação. Estava tudo bem conosco. Eu nunca poderia imaginar aquela situação. Fiquei desesperada e fui ao fundo do poço. Perdi o chão e todas as minhas forças, pois eu não entendia o que estava acontecendo.

Minha mãe foi buscar eu e meus filhos e, então, Deus começou a me tratar. Entrei em depressão e quis várias vezes tirar minha vida. Eu me lembro que um dia subi na passarela da avenida Brasil e quis me jogar de lá de cima, mas ouvi uma voz dizendo: "Eu tenho uma obra grandiosa com você; eu farei cumprir as promessas". Então, eu entendi que não tinha como fugir da vontade de Deus e que precisava reagir.

Foram meses de muito choro e muita renúncia. Mas Deus me colocou ao lado de mulheres abençoadas que me ajudaram muito na minha caminhada. E eu resolvi mudar. Naquela época, tive um verdadeiro encontro com Jesus e uma grande obra de restauração começou em minha vida; muitos jejuns e orações. Lembro que minha mãe entrava no meu quarto três vezes ao dia para orar comigo na campanha de Daniel. Ela era meu porto seguro, minha grande intercessora. Louvo a Deus por ter seguido esse grande legado que ela deixou. Hoje, sou quem eu sou porque ela nunca desistiu de mim.

Tempo de restauração

E assim Deus foi refazendo minha história. O Senhor usava muitos profetas para entregar revelações que até hoje têm se cumprido. Ele, então, nos levou para a cidade de Rio das Ostras/RJ. Meus pais, família e amigos viram se cumprir todas as promessas que Deus me fez.

Nessa cidade, construímos nosso ministério e ganhamos muitas vidas para Jesus. Foram muitas vidas alcançadas e restauradas por meio de nossas vidas.

Tempo de honra

Conheci meu esposo e começamos a namorar. Era um homem de Deus respeitador, e pediu a meus pais minha mão em casamento, dizendo que iria me honrar e criar meus filhos. No momento, não aceitei. Mas, depois, disse sim, pois Deus havia falado que iria restaurar minha vida sentimental.

Namoramos, noivamos e nos casamos em seis meses. Deus fez tudo novo. Ganhamos tudo para o nosso casamento; foi um grande sonho realizado. Até meu vestido de noiva foi exatamente o que eu sonhei. Casei--me como uma verdadeira princesa.

Logo depois, fomos levantados como obreiros da casa do Senhor. Após três anos de casamento, comecei a sentir saudade do meu ex-companheiro e falei com meu esposo que queria me divorciar, pois não o amava realmente. Ele, como um homem de Deus que é, disse: "Não vamos nos separar. Vamos vencer. Vamos orar. Vamos conseguir passar por esse processo".

Busquei conselhos com minha mãe e ela me disse: "Filha, seu casamento é propósito de Deus. Vocês fizeram uma aliança no altar do Senhor. Vamos orar e Deus vai arrancar esse sentimento maligno do seu coração".

E, assim, eu e meu esposo começamos a fazer um propósito. Eu me lembro de chorar muito, porque era difícil demais; parecia o fim, mas foi o começo de uma grande história. Meu esposo veio para quebrar o decreto de maldições em minha vida sentimental. E, logo após esse processo, engravidei de uma menina linda, filha da promessa. A glória da segunda casa será maior do que a primeira!

Deus foi restituindo, curando e restaurando toda a nossa história. Minha mãe estava feliz ao ver todas as promessas se cumprirem em nossas vidas. Estávamos vivendo uma grande benção. Então, chegou o dia de minha mãe ser consagrada como pastora; meu esposo, como presbítero; e eu, à como missionária. Que momento marcante: ver Deus operar com poder, quando muitos não acreditavam que isso poderia acontecer. Meu pai estava radiante de felicidade ao ver sua filha — que outrora era ovelha perdida — agora ser honrada.

Hoje, olho para minha trajetória e me coloco à disposição de Deus para levantar outras mulheres que tiveram suas vidas frustradas, relacionamentos destruídos e sem forças de recomeçar.

Minha história teve um final feliz. Fui curada de traumas, abusos, dores depressão, crises de ansiedade e síndrome do pânico. Só Deus tem poder para nos fazer voltar a sonhar. Ele ainda realiza sonhos. Hoje, vivo os sonhos e projetos de Deus. Essa é a importância de deixarmos um legado de fé e perseverança. Minha mãe era um exemplo de mulher de Deus.

Passaram-se alguns anos e minha mãe adoeceu. Em pouco tempo, descobriu que estava com câncer de pele, um carcinoma avançado. Foi tudo muito rápido. Ela precisou ficar internada, pois começou a sentir fortes dores nos pulmões e abdômen. O médico fez uma ressonância e descobriu que ela estava com metástase no abdômen e no fígado. Eu não conseguia falar, só chorava. Era um pedaço de mim estava indo embora. Fiquei sem chão, pois tínhamos uma ligação tão forte.

Fiquei com ela no hospital. Eu acreditava no milagre, mas a situação estava piorando. Deus, então, me revelou que no quarto havia quatro seres grandes ao redor da cama, e uma voz dizia: "Filha, até hoje ouvi seus pedidos de oração, mas hoje estou recolhendo a minha rosa". Foi tão forte o que eu vivi e presenciei dentro daquele quarto. Lembro que, algumas horas antes de partir, ela começou a profetizar coisas que se cumpriram e ainda estão se cumprindo. Ela falava para eu ser forte e corajosa; que Deus era comigo por onde eu andasse.

Como Josué, capítulo 1, marcou profundamente a minha história. Ser sucessor de alguém nunca foi fácil. Ela sempre dizia que eu seguiria seu legado porque eu era forte e corajosa. Ali ela começou profetizar em minha vida, dizendo que eu seria uma pastora e contaria meu testemunho. Horas depois de eu me despedir dela, ela descansou no Senhor. Ela combateu o bom combate, completou a carreira e guardou a fé. Anos se passaram e a promessa se cumpriu. Fomos consagrados pastores e, assim, seguimos esse lindo legado de ensinamentos que ela nos deixou.

BIBLIOGRAFIA

BÍBLIA SAGRADA. Almeida Revista e Corrigida (ARC). Barueri: Sociedade Bíblica do Brasil, 2018.

“Celebre seu processo, porque é dentro desse vale que o nosso Deus opera milagres. As adversidades são um trampolim para vivermos as promessas de Deus.”

Pra. Vânia Carvalho

Vyvian Southier

Sou Vyvian Southier, natural de Barra do Garças/MT. Tenho 37 anos e vivo em Reading, na Inglaterra, com minha família desde 2023. Sou casada com Anderson há dezoito anos e mãe de três filhos: David, Kaique e Danielle. Além disso, tenho o privilégio de ter minha mãe, Deuzenir, morando conosco.

Sou profissional da área da beleza, com dezoito anos de experiência. Atuei boa parte desse tempo como cabelereira e logo me profissionalizei como *master microblading* e *lash design*. Além disso, ministro cursos profissionalizantes na área.

Sou cristã, apaixonada por Jesus e serva do Reino de Deus. Temos um lindo trabalho na igreja Ministério Semeando Boas Novas (MSBN) — Reading, onde congrego e lidero o ministério de mulheres. Eu me dedico à obra de Deus e aos projetos que Ele tem colocado no meu coração.

vyviansouthier_

+44 7957 488673

Conexão DESTINO

A FÉ ROMPE BARREIRAS: A CAMINHO DA PROMESSA

24

Vyvian Southier

Quando recebemos uma promessa de Deus, nossa primeira reação é imaginar como isso irá acontecer. Nossa mente busca cenários de possibilidades dentro da nossa realidade. Por isso sempre parece tão distante e impossível. O tempo de Deus é diferente do nosso, e sua forma de agir vai além da nossa compreensão humana.

"Respondeu-lhe Jesus: Não te disse que, se creres, verás a glória de Deus?" (Jo 11:40). Portanto, crer é a chave.

Realizei minha conversão e batizado foi com 15 anos, porém fiquei afastada por doze anos. Quando me reconciliei com Ele, em 2016, me surpreendi com a velocidade que Deus agiu na minha vida. Em dois anos, fui transformada, meu marido se converteu e nossos filhos seguiram no caminho do Senhor. O nosso posicionamento move o coração de Deus ao nosso favor.

Em meu ministério também não foi diferente. Enquanto estava servindo ao Reino em Cuiabá/MT, comecei a pregar e a receber muitos convites para ministrar fora do estado. Em 2021, quando pregava em Goiás, no final de um culto, recebi uma nova promessa de Deus dizendo que me levaria às nações. Eu recebi essa palavra com o coração tranquilo, pois parecia uma realização muito distante e eu não estava preparada. Eu vivia feliz e realizada com minha família: ministério fluindo, meu salão de beleza estruturado e meu marido bem empregado. Mas, como o Senhor disse à Abrão, veio sobre nossa casa a palavra de Deus: deixe tudo! (Gn 12:11).

Em menos de quatro meses, estávamos com nossas vidas resumidas em malas dentro do carro e um direcionamento para vivermos em Goiânia/GO. Foram dois anos vivendo milagres e maravilhas. Reabri o salão dos meus sonhos, prosperamos e fomos honrados. De repente, tudo começa a dar errado; na verdade, era Deus mexendo nas estruturas, pois Ele não tinha dito que ali era nosso destino. Investimos toda a reserva em uma loja que faliu, já tínhamos vendido nossa casa, só restava o salão. Então, meu marido foi aconselhado a ir trabalhar fora do país no começo do ano de 2023. Em uma das últimas reuniões de mulheres que promovi no salão, recebi uma missionária, Joana. Sendo cega, ela me perguntou se meu marido estava presente e pediu para orar por ele. No meio da oração, ela disse: "Deus vai lhe dar um grande livramento". Ele não deu muita atenção para a revelação e seguimos no plano da viagem. Em junho de 2023, ele foi para Londres.

Alguns dias depois, tive um sonho terrível, no qual eu o via morto no caixão do lado de uma cova. Eu chorava e gritava dizendo que não poderiam colocar ele naquela cova e a família dele, revoltada comigo, respondia: "Que diferença faz o lugar, já que ele está morto". Eu podia sentir no sonho a raiva que a família dele sentia de mim. Era bem verdade que ninguém foi a favor de deixarmos tudo em Cuiabá — achavam uma grande loucura. E sair do país era um absurdo sem medida.

Anderson completou trinta dias de trabalho, e estava animado com os resultados, pois já podíamos pagar algumas contas. Nessa altura, eu estava de férias na casa da minha sogra, com meus filhos. Quando, de repente, não conseguia falar com ele. Quando o telefonema foi atendido, tive a notícia de que ele tinha sofrido um acidente grave de moto e estava entrando na sala de cirurgia. Eu me vi como no sonho: chorando e implorando a Deus para não deixar ele descer à sepultura. Com toda a família indignada comigo, eles diziam entre si: "Eu nunca vou perdoá-la se ele morrer". Foram muitas horas de desespero e impotência; a culpa tomava conta de meu coração: "Senhor, ele não pode morrer". Mesmo sem notícias, comecei a fazer meu passaporte e me organizar para a possibilidade de ir a Londres o mais rápido possível.

Depois de horas de cirurgia para a tirada do baço, que foi perfurado por três costelas quebradas, ele estava vivo, mas na UTI. Eu só pensava em estar perto dele, enquanto a família desejava trazer ele de volta a todo custo. Foram trinta dias de muitas brigas e organizações para conseguir viajar. Na semana da viagem, a missionária Joana voltou a me visitar e trouxe uma mensagem de Deus: "Você não está indo cuidar do seu esposo. Sou Eu que lhe envio para o cumprimento da promessa, para resgatar almas do abismo. O inferno se levantará e tentará lhe impedir de chegar. Quando chegar, verá a confirmação da minha palavra, pois seu marido não vai precisar de nem um copo de água de suas mãos. Eu o colocarei de pá diante de você. E não se preocupe, pois lhe sustentarei naquele país". Minha carne tremia de temor; mal eu imaginava o que estava por vir.

Basta somente uma palavra de Deus e toda sua realidade pode ser modificada.

Fui em um voo direto para Londres, com toda a documentação necessária para passar pela imigração. Eu não estava entrando como turista, e sim com uma carta de emergência, na qual continha todas as informações sobre o acidente: todos os números de telefones, hospital, residência, dinheiro, policial da ocorrência, fotos etc. Não tinha como dar errado, mas deu. Quando cheguei no guichê, percebi que não seria nada fácil passar por ali. Os oficiais chamaram um intérprete para traduzir nossa conversa e, no olhar daquele homem, pude perceber o mal agindo. A cada palavra que eu falava, ele traduzia com um sorriso sutil e irônico para os oficiais. Fui interrogada várias vezes: tiraram foto, colheram minhas digitais, recolheram minhas malas sem me explicar nada e me deixaram sentada próxima ao guichê em um banco desconfortável. Depois de doze horas de voo, fiquei mais dez horas sendo ignorada naquele lugar. Vi aquilo lotar e esvaziar, a ponto de ficar somente eu e um oficial naquela sala imensa. Sem me alimentar, ia ao banheiro acompanhada de um policial. Sem mais forças para orar, sem palavras para me expressar nas mensagens que recebia da família e do marido.

Coloquei no tradutor algumas perguntas e pedi ao oficial que me ajudasse. Ele disse que também não entendia por que eu ainda estava ali. Lamentava muito, mas não podia intervir. Voltei para a cadeira chorando e me lembrei de Paulo de Silas na prisão. Comecei a cantar e a louvar a Deus. Minha voz ecoava e o oficial me olhava sem entender, mas não me interrompeu. Cantei uns três louvores e as primeiras correntes foram quebradas pela adoração. Enfim me buscaram e levaram para uma sala que mais parecia uma prisão. Conheci três mulheres brasileiras, e uma delas era advogada e falava inglês fluente. Ela estava viajando com o marido e foi barrada por um simples erro de digitação no seu visto. Sei que foi Deus que colocou essa mulher para me ajudar. Compartilhamos nossas histórias — afinal, ficamos presas por mais de catorze horas, foram muitos interrogatórios repetitivos e aleatórios.

Todas as mulheres receberam uma decisão e eu ainda continuava sendo ignorada, quando, depois, um oficial me chamou, me levou até as malas e, com alguns papéis em mãos, pediu para colocá-los dentro da minha mochila. Até achei que iria sair nesse momento, mas não. A advogada, então, intercedeu por mim, contou toda minha história para o guarda da prisão e pediu ajuda. Esse oficial se sensibilizou e buscou informações. Enfim fui chamada para receber o documento que já estava pronto há muito tempo.

Esse momento foi devastador; tudo que estava escrito naquele papel era uma mentira absurda. Eles iriam me deportar sem me dizer nada. Fiz um escândalo, passei muito mal, mas as palavras do oficial foram: "Seu voo sai em trinta minutos e esse documento é irrevogável". Lembrei-me dos conselhos da advogada, continuei gritando e falando sobre meu marido e da possibilidade de ele morrer sozinho naquele país. Clamei aos diretos humanos; enquanto ia sendo carregada de volta para a prisão, o intérprete, que no começo me prejudicou, estava emocionado, traduzindo na intensidade da minha dor. Vi o Espírito Santo quebrantando o coração daquele homem.

Vários oficiais pararam para ver aquela cena, e um deles finalmente interveio e mandou me soltar. Pediu que eu ficasse calma, que iria buscar alguém que pudesse me ouvir. Sem forças e sem acreditar, entrei na sala. Todas as mulheres choravam comigo, e eu fui parar no canto da parede e disse: "Senhor, o que está acontecendo? Por que me trouxe até aqui? Para voltar dessa forma?". Então, o Espírito Santo falou ao meu coração: "Não deixe Satanás saquear sua fé. Eu sou o seu Deus". Assim, comecei a declarar: "Satanás, você não vai roubar minha fé. Mesmo que eu volte, Ele continua sendo o Deus da minha vida". Adorei ao Senhor no meio da dor. Nossas palavras têm poder no campo espiritual. E com uma voz nítida, Deus bradou no meu ser, dizendo: "Eu sou o Deus de Ester, que quebra o decreto do homem. E selo minha vontade a seu favor". Caí na Sua presença e, em alguns minutos, ouvi me chamarem.

Havia um oficial que mais parecia um anjo à minha espera, com uma pasta nas mãos. E, com muita paciência, me ouviu atentamente e descobriu que os meus documentos que comprovavam o que eu dizia estavam lá. O tradutor disse para mim que realmente tinha visto esses documentos. Então, me lembrei dos papéis escondidos na mochila. Ele os pegou, muito surpreso com aquela situação, e me pediu dez minutos. As mulheres já estavam se organizando para sair em direção ao voo em que eu também seria deportada, quando ele voltou com meu passaporte em mãos dizendo: "Você está livre para entrar no país".

Eu, anestesiada de tantas emoções, vi todos vibrarem naquela sala, como em um final de copa do mundo, em que o gol da vitória foi feito aos 49 minutos do segundo tempo. O decreto foi quebrado. Peguei as minhas malas e fui em direção à saída, mal conseguia andar. Todos me cumprimentando e me mostrando a direção da saída. Não sabia o que fazer. Chorando, liguei para meu marido e disse: "Estou livre. Estou aqui fora do aeroporto", pensando que ele estivesse em uma casa de repouso, quando percebo ele vindo em minha direção. Ele estava de pé.

Confiar em Deus vai exigir de você muitas renúncias e sacrifícios, mas a cada vitória, você encontrará sentido para sua vida. Hoje, vivo com toda minha família na Inglaterra, servindo na obra que Ele tem me confiado. Algumas tragédias podem parecer seu fim, mas para Deus elas são apenas um grande recomeço. Quero encorajar você a tirar seus olhos das impossibilidades de sua vida. Volte a confiar na palavra de Deus e em sua promessa. Se Ele lhe prometeu, Ele é fiel e cumprirá.

BIBLIOGRAFIA

BÍBLIA SAGRADA. Nova Versão Internacional (NVI). Rio de Janeiro: Thomas Nelson Brasil, 2021.

“Mulher de fé,
não tenha medo
das mudanças
promovidas por
Deus. Saiba que
estará avançando
enquanto
estiver debaixo
de obediência.”

Vyvian Southier

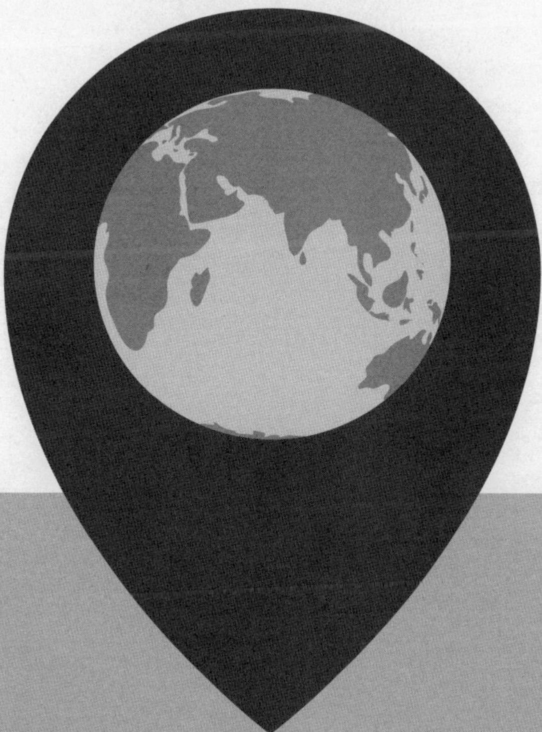

ANOTAÇÕES

ANOTAÇÕES

ANOTAÇÕES

ANOTAÇÕES

ANOTAÇÕES

ANOTAÇÕES

EDITORA
CHAVE MESTRA®

Instagram: @editorachavemestra

E-mail: editora@editorachavemestra.com.br

Site: www.editorachavemestra.com.br